Sprachwelten Deutsch

Ein Haus am Meer

Arwen Dammann
Nina Wagner

circon

Baierbrunner Straße 27, 81379 München
Ausgabe 2025
2. Auflage

Text: Arwen Dammann, Nina Wagner
Redaktion: Astrid Kaufmann, Felicitas Szameit
Fachredaktion: Manuela Tiller
Produktion: Ute Hausleiter
Titelabbildung: www.shutterstock.com/Ekaterina Mangorielle (Haus),
BinGoTinGo (Landschaft)
Gestaltung: red.sign GbR, Stuttgart
Umschlaggestaltung: red.sign GbR, Stuttgart

ISBN 978-3-8174-4588-2
381744588/2

Besuchen Sie uns auf Instagram und Facebook: circonverlag

www.circonverlag.de

Lesen und Lernen mit den Sprachwelten

So abwechslungsreich war Deutschlernen noch nie! Die Sprachwelten kombinieren unterhaltsames Lesen mit dem bewährten didaktischen Konzept der Reihe Lernkrimi. Die vier Kurzgeschichten sind von **DaF-Dozentinnen** verfasst und genau auf Ihr **Lernniveau** abgestimmt – perfekt für den Unterricht oder ganz individuelles Lernen.

Wörter, die noch unbekannt sind, werden direkt auf der Seite erklärt, so ist kein zusätzliches Nachschlagen erforderlich. Das **alphabetische Glossar** am Ende des Buches bietet eine Übersicht aller **Vokabeln** mit ihren Erklärungen.

Jede Kurzgeschichte enthält abwechslungsreiche, auf den Text bezogene **Übungen** zu Wortschatz, Grammatik und Textverständnis, die zum aktiven Lernen motivieren. Überprüfen Sie Ihren Lernerfolg einfach im **Abschlusstest**. Im Anhang finden Sie alle **Lösungen**.

Ergänzend zu jeder Kurzgeschichte verweisen **Infokästen** auf sprachliche und landeskundliche Besonderheiten.

Inhalt

Ein Haus am Meer 5

Neu in der Stadt 31

Der geheimnisvolle Nachbar 57

Blumen für die Stadt 83

Abschlusstest 110

Lösungen 114

Glossar 118

Die Ereignisse und die handelnden Personen in diesem Buch sind frei erfunden. Etwaige Ähnlichkeiten mit tatsächlichen Ereignissen oder lebenden Personen wären rein zufällig und unbeabsichtigt.

Ein Haus am Meer

Arwen Dammann

Inhalt

Merle bekommt einen Brief: Sie erbt ein Haus in Dithmarschen, im Norden Deutschlands. Zusammen mit ihren Freunden Jara und Benni fährt sie von Würzburg nach Dithmarschen. Sie wohnen während der Semesterferien in dem Haus. Ihr Plan ist, ohne Geld zu leben. Kann man das schaffen?

Personen

Merle ist 22 Jahre alt. Sie reist gern, ist **neugierig** und mag Experimente.

Jara ist Merles beste Freundin. Sie ist 21 Jahre alt. Sie denkt schnell und praktisch, kann gut mit anderen Menschen sprechen und ist lustig.

Benni ist Merles und Jaras bester Freund. Er ist 22 Jahre alt. Er mag größere Städte und Süddeutschland. In Dithmarschen fühlt er sich zuerst fremd.

Die drei Freunde leben und studieren in Würzburg.

Orte

Würzburg ist eine mittelgroße Stadt in Bayern. Viele Studenten leben dort. Das Klima ist mild. Es gibt viele Weinberge und eine schöne Altstadt.

Der Kreis **Dithmarschen** liegt in Schleswig-Holstein am Meer. Dort gibt es keine großen Städte. Das Klima ist eher **rau**.

Es **klingelt**. Merle hört, wie die Haustür aufgeht. Sie schaut auf die Uhr. Das ist sicher die Post. Merle steht auf und läuft die Treppe hinunter. Ja, wirklich: In ihrem Briefkasten liegt ein Brief. Von einer **Anwaltskanzlei**. Hoffentlich gibt es keine Probleme. Sie läuft wieder nach oben und legt den Brief auf den Tisch. Ihr Handy klingelt. Es ist Jara. Sie sprechen eine Stunde miteinander, dann spielt Merle Computer. Den Brief **hat** sie **vergessen**. Oder sie will ihn nicht aufmachen, denn sie hat ein bisschen Angst vor Anwälten.

neugierig	sehr interessiert
rau	*hier:* kalt, windig und nass
klingeln	das Telefon macht so ein Geräusch
Anwaltskanzlei *f*	Büro von einer Anwaltsfirma
etw. vergessen	nicht mehr an etw. denken
Anwalt/ Anwältin *m/f*	Person, die bei Gericht für den Angeklagten spricht

Am nächsten Morgen liegt der Brief immer noch da. Nun muss sie ihn öffnen. So schlimm ist es bestimmt nicht. Sie liest. Dann legt sie die Hand auf ihren Mund. Das kann doch nicht ... Sie nimmt das Telefon.

„Jara, bist du wach? ... Na, dann bist du eben jetzt wach. Ich muss dir etwas erzählen. Ich habe einen Brief bekommen. ... Gestern. Aber ich habe ihn erst jetzt gelesen. Ich glaube ... ich glaube, ich habe ein Haus. ... Ja, ein Haus! ... Das weiß ich nicht. ... Von einer Tante. Ich rufe gleich mal bei der **Anwältin** an. ... Ja, komm zu mir. Wir frühstücken zusammen. Vielleicht weiß ich dann schon mehr. Bis gleich!"

Merle beendet das Gespräch. Dann sucht sie auf dem Brief die Telefonnummer der Anwaltskanzlei.

„Weißt du schon mehr? Was ist das für ein Haus? Wo? Und warum?“ Jara fragt das alles schon auf der Treppe.

„Jetzt komm erst mal rein! Kaffee?“

„Ja, gern. Aber erzähl! Ich will alles wissen.“

sterben	aus dem Leben in den Tod gehen
seltsam	nicht normal, komisch
Gefühl *n*	etw., das man in sich selbst merkt/spürt/empfindet
Bachelor *m*	ein Abschluss an der Universität
entspannen	relaxen, ausruhen, nichts tun

„Also, meine Mutter hatte eine Tante. Die habe ich das letzte Mal gesehen, als ich klein war. Sie **ist** jetzt leider **gestorben**. Und ich bekomme das Haus.“

„Und wie geht es dir? Ich meine, weil sie gestorben ist.“

„Das weiß ich noch nicht so genau. Es ist ein **seltsames Gefühl**. Ich glaube, dafür brauche ich noch etwas Zeit.“

„Und das Haus?“

„Die Anwältin hat gesagt, es ist in Dithmarschen. Das ist in Schleswig-Holstein am Meer. Es hat einen Garten.“

„Wow, Merle, du hast ein Haus am Meer!“

„Nächste Woche sind Semesterferien[i]. Und du bist mit deinem **Bachelor** fertig. Hast du schon einen Plan?“

„Nein, ich will einfach ein bisschen **entspannen**.“

„Das können wir auch zusammen in meinem neuen Haus machen. Fährst du mit mir hin?“

„Ja, klar!“

„Vielleicht kommt Benni auch mit. Ich glaube, er hat

> Wenn man in Deutschland studiert, hat man zweimal im Jahr Ferien. Oft sind es zwei Monate im Frühling (Februar bis April) und fast drei Monate im Sommer und Herbst (August bis Oktober).

diesmal noch keine Pläne für die Semesterferien." Merle nimmt sofort ihr Telefon und ruft Benni an.

Übung 1: Richtig oder falsch? Kreuzen Sie die richtigen Aussagen an!

1. Die Post bringt einen Brief für Merle. ☒
2. Merle hat ein Problem mit einer Anwältin. ☐
3. Merle hat von der Tante ihrer Mutter ein Haus geerbt. ☐
4. Die drei Freunde arbeiten zusammen. ☐
5. Das Haus steht in Norddeutschland. ☐

Merle, Jara und Benni sitzen im Zug und sehen aus dem Fenster. Der Zug fährt los. Nördlich von Würzburg gibt es viele **Hügel** und **Wälder**.

Hügel *m*	kleiner Berg
Wald *m*	Ort/Fläche mit vielen Bäumen

„Wart ihr schon mal in Dithmarschen?", fragt Benni.

„Ich nicht", sagt Jara.

„Als Kind war ich mal dort", sagt Merle. „Da war ich vielleicht fünf oder sechs Jahre alt. Wir waren zu Besuch bei der Tante von meiner Mutter."

„Weißt du noch, wie es dort aussah?", will Benni wissen.

„Nein, Kinder sehen andere Dinge als Erwachsene. Da waren meine Mutter, ihre Tante, ein Mann, ein großer, grauer Hund, ein großes Haus ..."

„Und das Meer?", fragt Jara.

„Das weiß ich nicht mehr. Aber wir waren bestimmt am Meer."
„Die Nordsee ist sicher schön!", sagt Benni. „Wir gehen einfach jeden Tag an den Strand. Ein Haus mit Garten am Meer – was braucht man sonst noch?"
„Ja, was braucht man sonst noch?", denkt Merle. „Bei schönem Wetter kann man im Meer schwimmen oder im Garten sitzen. Bei Regen ist es im Haus bestimmt **gemütlich**. Es ist mein Haus, ich muss keine **Miete** zahlen."

gemütlich	angenehm; so, dass man gern an diesem Ort ist
Miete *f*	das Geld, das man jeden Monat für eine Wohnung bezahlt
bekannt	wenn jn. viele Leute kennen
Rest *m*	etw., das übrig bleibt
sammeln	suchen und mitnehmen

„Kennt ihr diesen Mann?", fragt Merle. Sie hat den Namen vergessen. „Er lebt ohne Geld. Er macht das schon mehrere Jahre. Man kennt ihn aus Videos. Er ist auch manchmal in Talkshows. Und er hat einen Blog darüber, wie man ohne Geld leben kann."
Jara kennt ihn. Sie weiß aber auch nicht, wie er heißt. „Ja, ich weiß, wen du meinst", sagt sie. „Er braucht wirklich gar kein Geld! Er zahlt keine Miete. Er darf kostenlos bei anderen Menschen wohnen. Aber er ist **bekannt**. Deshalb ist es für ihn bestimmt leichter, etwas von anderen zu bekommen. Obst und Gemüse holt er aus Containern[i] oder fragt in Läden nach **Resten**. Oder er **sammelt** Früchte im Wald. Kleidung bekommt er auch ohne Geld. Und er braucht

nicht viel, um glücklich zu sein."

„Aber er kann nicht Zug fahren, oder fährt er ohne Ticket?", will Benni wissen.

„Nein, er fährt bei anderen Leuten im Auto mit. Er **trampt** oder sucht im Internet jemanden, der ihn mitnimmt", sagt Merle. „Meint ihr, das können wir auch?", fragt sie dann.

„Es ist sicher nicht einfach", sagt Benni, „aber sehr interessant! Und wir haben jetzt Semesterferien. Das heißt: drei Monate frei! So viel Zeit! Wir können jeden Tag **überlegen**: Wie machen wir dies? Woher bekommen wir das?"

trampen	bei fremden Leuten im Auto mitfahren
überlegen	nachdenken
Luft *f*	das, was wir einatmen

Die drei Freunde haben noch viele Ideen für ihr Leben ohne Geld. Von Würzburg nach Dithmarschen dauert es fast sieben Stunden. Man fährt über Kassel, Göttingen und Hannover bis nach Hamburg. In Hamburg müssen sie einen anderen Zug nehmen. Merle hofft, dass die **Luft** in Hamburg nach Salz riecht. Aber es riecht nur nach Bahnhof. Sie nehmen jetzt den Zug Richtung Sylt. Die Bahnhöfe heißen Elmshorn, Glückstadt, Itzehoe, Wilster, Burg in Dithmarschen und Sankt Michaelisdonn. Dann kommt Meldorf. Sie sind da und steigen aus.

Manche Leute holen Essen aus den Containern von Supermärkten. Sie wollen nicht, dass diese Lebensmittel in den Müll kommen. Man nennt das „containern". In Deutschland ist es verboten, wenn der Supermarkt nicht damit einverstanden ist.

Übung 2: Welches Wort passt? Unterstreichen Sie das richtige Wort!

1. Die Wohnung gehört Merle nicht. Sie muss Rente / Miete zahlen.
2. Der Mann aus den Videos muss für seine Wohnung nichts bezahlen. Er wohnt kostenlos / unbezahlbar.
3. Merle hat nicht alles gegessen. Auf ihrem Teller ist noch ein Rest / Rost übrig.
4. Die Freunde wollen im Sommer Äpfel und im Herbst Pilze tragen / sammeln.
5. Sie haben kein Auto. Sie wollen trampen / trampeln.

„Wow, zwei Gleise!", sagt Benni und lacht.
„Was hast du denn gedacht?", fragt Merle. Sie ärgert sich ein wenig über Benni. „Wir sind hier in Dithmarschen. Hier gibt es keine Stadt wie Würzburg. Hier gibt es nichts. Du kennst das Wort Dithmarschen erst seit wenigen Tagen. Zwei Gleise sind doch okay."
„Ist ja gut", sagt Benni, „ich wollte nichts Schlechtes über dein Dithmarschen sagen ..."
Merle sucht auf ihrem Handy die Adresse von der Anwältin. Sie müssen noch den Schlüssel für das Haus abholen. Die Luft riecht immer noch nicht nach Salz. Aber sie ist frisch. Und kalt. Es ist windig. Der Wind kommt von vorn.

Übung 3: Präpositionen. **Lesen Sie weiter und ergänzen Sie die Präpositionen!**

auf   in   nach   ~~zu~~   zu

Das Büro von der Anwältin ist im Zentrum. Sie gehen etwa 15 Minuten **1.** _zu_ Fuß. Die Anwältin spricht schnell. Es ist schon spät, sie will **2.** ____________ Hause. Merle versteht nur die Hälfte. Sie unterschreibt Papiere. Am Ende hat sie den Schlüssel **3.** ____________ der Hand und die drei Freunde stehen wieder **4.** ____________ der Straße. „Und jetzt gehen wir endlich **5.** ____________ dem Haus", sagt Benni.

„Hier ist es", sagt Jara nach wenigen Minuten. Das Haus ist aus rotem **Backstein**. Nicht besonders schön, aber auch nicht hässlich. Der Garten ist super: große Apfelbäume, Blumen, **Himbeeren**. Hinter dem Haus geht er noch weiter. Merle öffnet das Gartentor. Sie gehen um das Haus herum. Noch mehr Apfelbäume, **Kirsch**bäume, **Johannisbeeren**.

Backstein *m*	roter Stein aus Ton
Himbeere *f*	rotes, süß-saures Obst, das am Strauch wächst
Kirsche *f*	rotes, rundes Obst, das am Baum wächst
Johannisbeere *f*	saures Obst, das am Strauch wächst

„Ich glaube, die Tante meiner Mutter hat Pflanzen sehr geliebt", sagt Merle.

Flur *m*	meist länglicher Raum, von dem die anderen Zimmer einer Wohnung abgehen
blicken	schauen, sehen

Der Schlüssel lässt sich im Schloss ganz leicht drehen. Die Tür öffnet sich. Sie stehen in einem großen **Flur**. An der Wand hängen Jacken. Auf dem Boden stehen Schuhe. Rechts geht eine Treppe nach oben.
„Zuerst unten!", sagt Merle.
Sie gehen durch den Flur. An seinem Ende ist noch eine verschlossene Tür. Merle öffnet sie mit demselben Schlüssel. Die Küche ist hell und groß. Genug Platz für fünf oder sechs Leute. Zwei Wohnzimmer, ein Schlafzimmer.
„Schön!", sagt Merle. Die anderen nicken. Es ist wirklich schön. Sie setzen sich auf das große Sofa. Durch die Fenster sieht man den Garten.
„Wir haben die erste Etage noch nicht gesehen", sagt Benni und steht auf. Sie gehen zurück in den Flur und die Treppe hinauf. Aber der Schlüssel passt nicht. Die Tür oben bleibt zu.
Als sie wieder nach unten gehen, fragt Jara: „Sag mal, Merle, hatte deine Großtante sehr große Füße?" Sie hebt einen großen, schweren Schuh hoch und dreht ihn um: Größe 43.
„Ich glaube", sagt Merle und nimmt einen kleineren Frauenschuh in die Hand, „sie hatte eher Größe 38."
Die drei sehen sich an. Dann **blicken** sie nach oben, zu der verschlossenen Tür.
„In diesem Haus wohnt noch jemand", sagt Benni.

Übung 4: Was passt zusammen? Verbinden Sie!

1. [c]	Merles Großtante	**a)** hat den Schlüssel.
2. [ ]	Jara	**b)** möchte die erste Etage sehen.
3. [ ]	Benni	**c)** hat Pflanzen geliebt.
4. [ ]	Merle	**d)** hat große Füße.
5. [ ]	Jemand	**e)** sieht das Haus zuerst.

„Wir haben gar nichts zu essen“, sagt Jara **erschrocken**. „Wie machen wir das denn jetzt?“

„Wir fragen im Supermarkt nach Resten“, sagt Merle. Sie sieht auf ihr Handy. Es ist 19:30 Uhr. „Oh, schon halb acht! Schnell, schnell!“

> **erschrocken** mit einem Schreck oder kleinen Schock

Den Supermarkt haben sie auf dem Hinweg gesehen. Sie schließen die Tür zum Flur zweimal ab. Sie gehen schnell. Vor dem Supermarkt bleiben sie kurz stehen.

„Wer fragt?“, will Benni wissen.

Eine kurze Pause entsteht. Keiner sagt etwas.

Dann sagt Merle leise: „Ich mache es, aber ihr kommt mit. Schnell, es ist schon Viertel vor acht.“

Sie gehen in den Supermarkt hinein.

„Entschuldigung?“ Merle steht vor einer Verkäuferin. „Haben Sie Reste? Sachen, die Sie nicht mehr verkaufen können?“

„Sie meinen, kostenlos?“, fragt die Verkäuferin.
„Ja, genau. Wir wollen einige Zeit ohne Geld leben und ...“
„Das machen wir nicht, tut mir leid“, sagt die Verkäuferin und geht. Sie hat noch viel zu tun.
Merle sagt nichts darauf. Das ging zu schnell. Und Nein heißt Nein.
„Was jetzt?“, fragt sie die anderen beiden.
„Vorn am Eingang ist ein Bäcker“, sagt Jara. „Da frage ich.“ Sie gehen an den Kassen vorbei zum Bäcker.

zählen	sehen, wie viel von etw. da ist
etw. zurückschicken	etw. zurück zu einer Person senden
Feierabend *m*	Zeit nach der Arbeit
aufgeben	etw. nicht mehr versuchen

„Nächster!“, ruft der Verkäufer.
„Hallo! Wir wollten etwas fragen: Haben Sie heute Abend Reste? Können Sie uns kostenlos etwas davon geben?“, fragt Jara.
„Es tut mir leid. Wir haben immer Reste, aber wir dürfen sie nicht kostenlos abgeben. Wir müssen sie **zählen** und **zurückschicken**.“
„Wirklich nicht? Auch nicht ein einziges Brot?“
„Nein, wirklich nicht. Ich finde es auch sehr schade. Aber ich will keinen Ärger bekommen.“
„Das verstehe ich“, sagt Jara. „Schönen **Feierabend**!“
„Viel Glück!“, sagt der Verkäufer.

Die drei Freunde gehen nach draußen auf den Parkplatz.
„Wisst ihr was? Wir warten einfach bis kurz nach acht Uhr. Dann gehen wir an die Container.“ Merle will nicht **aufgeben**.

„Aber Merle ...“, sagt Benni. „Sieh mal, was an der Tür steht: Öffnungszeiten: 7 Uhr – 22 Uhr.“

schlechte Laune bekommen	sich ärgern, nicht mehr fröhlich sein
dunkel	nicht hell, ohne Licht

„Was?! Bis abends um zehn? Dürfen die das?“

„Ich glaube, das ist hier anders als in Bayern“, sagt Benni. „Im Norden haben die Supermärkte länger offen. Das kenne ich aus Berlin.“

„Na, super! Das heißt: zwei Stunden warten! Ich habe Hunger. Und Durst.“ Merle **bekommt** langsam **schlechte Laune**. Jara hat eine Idee: „In den zwei Stunden können wir Pfandflaschen[i] sammeln“, sagt sie.

Übung 5: Uhrzeit. **Schreiben Sie die Uhrzeiten in Zahlen!**

1. halb acht *19:30*

2. Viertel vor acht ____________

3. fünf nach acht ____________

4. Viertel nach acht ____________

5. halb neun ____________

6. Viertel vor zehn ____________

Für Pfandflaschen bekommt man etwas Geld. Manche Leute sammeln diese Flaschen aus Mülleimern und bringen sie zu den Supermärkten zurück.

Um Viertel vor zehn stehen die Freunde wieder vor dem Supermarkt. Es ist schon **dunkel**. Sie kennen

jetzt ganz Meldorf. Neun Bierflaschen haben sie gefunden. Das sind 72 Cent. Jara geht zur Kasse und bekommt das Geld. Für 72 Cent kann man aber nichts kaufen.
„Haben wir jetzt nicht auch für Geld gearbeitet?", fragt sie.
„Ja, du hast recht", sagt Benni. „Was heißt denn genau: ohne Geld leben? Die 72 Cent sind ja auch Geld. Nur eben sehr wenig. Wir sind einfach **arm**."
Merle ist das jetzt **egal**. Sie hat Hunger. Die drei stehen auf dem Parkplatz. Sie warten. Die Autos fahren weg. Eine Frau schließt den Supermarkt zu. Sie nimmt das letzte Auto auf dem Parkplatz und fährt auch weg.

arm	nicht reich, mit wenig Geld
egal	nicht wichtig
Kapuze *f*	Kopfteil von einer Jacke oder einem Pullover
Tuch *n*	Stück Stoff, das den Hals wärmt
verstecken	dafür sorgen, dass man etw. nicht sehen kann
Loch *n*	*hier:* kaputte Stelle, an der etw. herausläuft

„Wo sind die Container?", fragt Merle.
„Sind hier Kameras?", fragt Benni.
Merle zieht ihre **Kapuze** über den Kopf, Jara ein **Tuch**. Benni hat nichts, er kann sein Gesicht nicht **verstecken**.
Sie gehen hinter den Supermarkt. Und wirklich: Dort stehen große Container. Merle sieht in den ersten hinein: nur Plastik, keine Lebensmittel. Dann geht sie zum zweiten.
Sie ruft: „Ja! Hier! Seht mal: Joghurt, noch kalt. Und Käse. Und Zucker." Merle holt die Sachen aus dem Container und gibt sie an Jara und Benni weiter.
In dem Zucker ist ein **Loch**, aber das stört Merle nicht.
„Lecker, Käse mit Zucker. Mein Lieblingsessen!", ruft Benni.

„Mehr ist hier nicht“, sagt Merle. „Am besten gehen wir jetzt nach Hause. Vielleicht finden wir in der Küche noch etwas von meiner Großtante.“

enttäuscht	traurig, weil nicht passiert, was man erwartet hat
Schritt *m*	die Bewegung vom Bein beim Gehen
wütend	böse, ärgerlich
Krachen *n*	lautes Geräusch

Sie gehen zum Haus. Jara trägt den Zucker in beiden Händen, mit dem Loch nach oben. Merle hat sechs Joghurts im Arm. Benni trägt den Käse. Sie sind etwas **enttäuscht**.

Merle schließt die Tür auf. Die drei ziehen sich ihre Schuhe im Flur aus. Plötzlich hören sie schnelle **Schritte** vor dem Haus. Jemand steckt einen Schlüssel in das Schloss von der Haustür. Sie drehen sich um.
„Die Tür ist offen“, ruft Jara. Benni sieht sie erschrocken an. Die Tür geht auf. Ein Mann kommt herein. Er läuft mit schnellen, **wütenden** Schritten. Der Mann ist nicht groß, aber stark.
„Wer sind Sie denn?“, fragt Merle, auch ein bisschen erschrocken.
„Zerberus[i] aus der Unterwelt!“, sagt der Mann und geht schnell die Treppe hoch. Er schließt auf – und die Tür fällt mit einem **Krachen** zu.

Zerberus ist eine Figur aus der griechischen Mythologie. Er ist ein Hund mit drei Köpfen, der am Eingang zur Unterwelt steht und Wache hält.

Die drei Freunde stehen eine Sekunde ganz still da. Dann gehen sie in die Küche. Vorher schließt Merle die Tür zum Flur zweimal ab.

„Das ist ja ein freundlicher **Mitbewohner**“, sagt sie.
„Um ihn kümmern wir uns später“, sagt Jara. „Jetzt müssen wir zuerst etwas essen. Was ist denn in den Schränken in der Küche?“

Mitbewohner/ Mitbewohnerin *m/f*	Person, die zusammen mit jm. in einer Wohnung wohnt
Haferflocke *f*	Zutat für Müsli
Pfanne *f*	ähnlich wie ein Topf, aber zum Braten
braten	Essen in Öl heiß machen
Gewürz *n*	Zutat, die das Essen lecker macht
Apfelmus *n*	zerdrückte gekochte Äpfel
Pfannkuchen *m*	flaches Gebäck, normalerweise aus Ei, Mehl und Milch; wird in der Pfanne gebacken
aufpassen	dafür sorgen, dass nichts Schlimmes passiert

Sie finden Mehl, Salz, **Haferflocken** und Nudeln. Jara mischt das Mehl mit Wasser und etwas Salz. Sie macht kleine Brote, die sie in der **Pfanne brät**. Dazu gibt es den Käse aus dem Container und danach Joghurt.
„Sehr lecker!“, sagt Merle. „Unser erstes Essen ohne Geld gefällt mir gut.“

Am nächsten Morgen geht Jara in den Garten und sammelt ein paar Äpfel ein. Mit Wasser, Zucker und **Gewürzen** aus der Küche kocht sie **Apfelmus**. Dazu gibt es kleine **Pfannkuchen** aus Mehl, Haferflocken und Zucker. Die anderen wachen ein bisschen später auf.
„Benni, kannst du mal bitte auf die Pfanne **aufpassen**?“, fragt Jara, als Benni aus seinem Zimmer kommt.
„Okay“, sagt Benni und sucht im Schrank nach Kaffee.

Jara schließt die Tür auf. Sie geht durch den Flur die Treppe hoch und **klopft**. Sie hört Schritte. Die Tür geht auf. Der Mann steht vor ihr und sieht sie an. Er sagt nichts.

klopfen	*hier:* mit dem Knochen vom Zeigefinger an eine Tür schlagen
Lächeln *n*	ein kleines stilles Lachen

„Guten Morgen! Wollen Sie mit uns frühstücken? Es gibt Pfannkuchen."

Nun sagt er: „Ja, ich komme." Dann schließt er die Tür. Jara geht zurück in die Küche.

„Zerberus kommt zum Frühstück", ruft sie.

Merle und Benni sehen sich an.

Kurz darauf kommt der Mann die Treppe herunter.

„Guten Morgen", sagt er. Er steht ein bisschen verloren in der großen Küche.

„Guten Morgen, Herr Zerberus", sagt Jara. „Setzen Sie sich!"

Sie sehen ein kurzes **Lächeln** auf seinem Gesicht.

„Ihr könnt Günter zu mir sagen ⓘ", sagt er dann. „Wer von euch ist Dörtes Verwandte?"

„Ich. Ich heiße Merle. Das sind Jara und Benni."

„Freut mich."

„Wohnst du oben?"

„Ja, seit fast 30 Jahren. Dörte hat mir die Wohnung vermietet. Sie war eine sehr nette Frau."

Einen Moment lang ist es

> Günter ist älter als die drei Freunde. Deshalb sagen sie zuerst *Sie* zu ihm. Wenn er seinen Vornamen sagt, bedeutet das: Sie können *du* sagen. Die ältere Person „bietet das Du an".

die Augenbrauen hochziehen	die Haare über den Augen nach oben bewegen
Konsum *m*	das Kaufen von Sachen
wahrscheinlich	fast sicher
den Kopf schütteln	mit dem Kopf Nein sagen

still. Günter sieht vor sich auf den Tisch.

„Sagt mal, habt ihr keinen Kaffee?", fragt er dann ein bisschen zu laut.

„Nein, hier ist keiner. Und wir wollen ohne Geld leben. Deshalb können wir keinen kaufen", sagt Merle.

Günter **zieht die Augenbrauen hoch**. Ohne ein Wort zu sagen, steht er auf und geht nach oben. Kurz darauf kommt er mit einer Packung Kaffee und einer Filtertüte zurück.

„Ohne Geld? Warum?", fragt er dann.

„Weil wir dann frei sind", sagt Jara.

„Ein Experiment", sagt Benni.

„Ein Zeichen gegen **Konsum**", sagt Merle.

„Müsst ihr wissen (i)", sagt Günter und stellt die Kaffeemaschine an.

„Eine andere Frage: Wie weit ist es bis zum Meer?", sagt Jara.

„So zehn, zwölf Kilometer." Günter zeigt mit der Hand in eine Richtung, die **wahrscheinlich** Westen ist.

„So weit! Dann brauchen wir Fahrräder!", sagt Benni.

„Fahrräder? Im Sommer vielleicht. Kennst du den Herbst hier in Dithmarschen?" Günter sieht ihn an.

Benni **schüttelt den Kopf**. „Man kann das schon machen. Es ist nur nicht

> (i) Eigentlich heißt es: *Das müsst ihr wissen.* In der Umgangssprache kann man aber kleine Wörter wie *das* oder *es* am Anfang weglassen.

so gemütlich", sagt Günter dann.
Benni fragt sich: „Woher bekommen wir ohne Geld drei Fahrräder?"
Jara überlegt: „Wie lange dauert es, wenn man zehn Kilometer zu Fuß geht?"
Merle denkt über das Trampen nach: „Mit Jara und Benni zusammen ist das kein Problem. Allein will ich in kein fremdes Auto einsteigen."

Gurken-fabrik *f*	Ort, an dem Gurken industriell verarbeitet werden
Schicht *f*	*hier:* Arbeit zu verschiedenen Zeiten: morgens, abends oder nachts

Übung 6: Namen. Wer ist das? Ergänzen Sie die Namen!

1. *Jara* bringt Günter ein bisschen zum Lachen.
2. ________ war der Name von Merles Großtante.
3. ________ ist traurig, weil Merles Großtante gestorben ist.
4. ________ ist überrascht, dass es zum Meer so weit ist.
5. ________ will nicht allein bei fremden Leuten im Auto mitfahren.

Nach dem Frühstück verabschiedet sich Günter. Er hat vor der Arbeit noch viel zu tun. Er hat den Freunden erzählt, warum er am Abend so wütend war: Er arbeitet seit acht Jahren in einer **Gurkenfabrik**: Früh-, Spät- und Nacht**schicht**. Er will keine Nachtschicht mehr machen. Das hat

er seiner Chefin schon oft gesagt. Er meint, er ist zu alt dafür. Nachtarbeit ist hart. Gestern hat seine Chefin dann zu ihm gesagt: „Du musst leider weiter nachts arbeiten."
„Da war ich einfach **sauer**. Ich muss noch zehn Jahre arbeiten. Erst dann kann ich **in Rente gehen**. Lust, zu arbeiten, habe ich schon lange nicht mehr."

sauer	*hier:* wütend, böse, ärgerlich
in Rente gehen	aufhören zu arbeiten, weil man alt ist
die Hand hinstrecken	die Hand in die Richtung von jm. bewegen, um ihn zu begrüßen

Übung 7: Verben mit Präfixen. Lesen Sie weiter und ergänzen Sie das richtige Präfix!

an zu ~~vor~~ mit zu

„Was denkt ihr", fragt Jara, „wollen wir Apfelkuchen backen? Dann gehen wir zu den Nachbarn und stellen uns **1.** *vor*. Wir bringen ihnen Kuchen **2.** ________."
Benni und Merle finden die Idee gut. Sie sammeln im Garten Äpfel ein, Jara bereitet den Kuchen **3.** ________.
Sie klingeln an der ersten Tür. Eine Frau öffnet.
„Hallo, wir sind die neuen Nachbarn. Das ist Benni, das ist Merle und ich bin Jara." Jara **streckt** der jungen Frau **die Hand hin**.

„Guten Tag, ich bin Frau Sonntag." Die Frau nimmt langsam Jaras Hand.

„Dürfen wir Ihnen ein Stück Kuchen **4.** ________ bieten? Auf gute Nachbarschaft!", sagt Jara. Merle gibt der Frau den Kuchen.

„Danke. Auf gute Nachbarschaft!", sagt die Frau. Sie nimmt den Kuchen. Dann macht sie die Tür **5.** ________.

Benni sagt: „Ich glaube, du musst das nächste Mal unsere Vor- und Nachnamen sagen. Das ist besser."
„Die Frau war vielleicht 26 oder 28 Jahre alt! Ich habe gedacht, Vorname und Du sind okay."
Merle lacht: „Ich glaube, das findet sie nicht. Sie hat sich mit ‚*Frau* Sonntag' vorgestellt."
„Vielleicht habt ihr recht. Gehen wir zum nächsten Haus. Wer will klingeln?" Jara zeigt auf das nächste Haus.
„Ich kann das nicht", sagt Benni.
„Ich trage den Kuchen", sagt Merle.
„Verstehe", sagt Jara. Sie klingelt bei den nächsten Nachbarn.

Nach Frau Sonntag lernen sie die anderen Nachbarn kennen. Frau und Herr Kehrs sind Mitte 80 und haben drei dicke Katzen.
„Opa darf keinen Kuchen essen, wegen dem Zucker. Aber dann bleibt mehr für mich", sagt Frau Kehrs und lächelt.

„Schön, dass ihr in das Haus **einzieht**! Ich mag junge Leute. Sie bringen Leben in unsere Straße."

Tanja und Christina sind Heavy-Metal-Fans: schwarze Haare, schwarzes Augen-Make-up, Metal-T-Shirts, Sticker auf ihrem Auto. Rund um ihre Haustür **wachsen** die schönsten Rosen, die die Freunde je gesehen haben. Die beiden laden Merle, Benni und Jara in ihr Haus ein. Sie trinken Kaffee und **unterhalten sich**.

einziehen	in ein Haus ziehen, weil man dort wohnen möchte
wachsen	größer werden
sich unterhalten	miteinander reden, sprechen
ausleihen	etw. nehmen, das man später zurückgeben will
Kohl *m*	Gemüseart, die man vor allem im Winter isst
Raps *m*	Pflanze auf dem Feld mit gelben Blüten
Weinberg *m*	Berg, an dem Wein wächst

Jara fragt nach dem Meer.
„Ihr habt kein Auto? Dann müsst ihr mit dem Fahrrad fahren. Das geht, ist nur nicht immer gemütlich", sagt Christina.
„Das haben wir schon gehört", sagt Merle. „Aber wir wollen es probieren."
„Wir haben zwei Fahrräder, die könnt ihr **ausleihen**. Und fragt auch Oma Kehrs. Die Kehrs fahren ja gar nicht mehr. Von denen könnt ihr bestimmt auch eins haben."

Am Ende haben die Freunde wirklich drei Fahrräder.
Sie fahren durch Felder: Mais, **Kohl**, **Raps**, wieder Mais. Der Wind kommt von vorn.
„Ich finde die **Weinberge** in Würzburg auch nicht so

schön“, sagt Benni, „aber sie sind schöner als die Landschaft hier. Es gibt keine Bäume und es ist total flach.“
„Aber riechst du das?“, fragt Merle.
„Ich rieche nur Kohl“, sagt Benni.
„Den rieche ich auch. Aber es riecht auch nach Salz. Wir sind ganz nah am Meer. Seht mal, da hinten: Das ist der **Deich**!“ Sie fährt schneller.

Deich *m*	ein Schutz aus Erde gegen das Meer
Schaf *n*	Tier mit viel Fell, aus dem man Wolle machen kann
Möwe *f*	großer, weiß-grauer Vogel, der am Meer lebt
Geruch *m*	so, wie etw. riecht

„Wow, ist das gemütlich!“ Merle ist glücklich.
Sie liegen im Gras, den Deich im Rücken. So können sie auf das Watt [i] schauen. Es ist Niedrigwasser. Sie sehen das Meer nicht.
„Wir warten einfach, bis das Meer wieder da ist. Und so lange liegen wir hier rum“, sagt sie.
„Der Wind ist so schön“, findet Jara. „Die Sonne scheint, aber es ist gar nicht heiß.“
„Hier gefällt es mir auch“, sagt Benni. Er sieht den **Schafen** zu, die langsam über den Deich gehen.
„Ich gehe ein bisschen spazieren“, sagt Jara. Sie steht auf und läuft ins Watt hinunter.

Das Watt ist der Meeresboden. Das Wasser kommt sechs Stunden lang, dann ist Hochwasser (Flut). Danach fließt das Wasser sechs Stunden zurück, und es ist Niedrigwasser (Ebbe).

Bald können Merle und Benni sie nicht mehr sehen. Die **Möwen** rufen. Merle freut sich über den **Geruch** nach Salz. Sie macht die Augen zu.

„Hey, aufwachen!“ Jara steht vor ihnen. „Krabbenbrötchen [i]?“, fragt sie und sieht sehr zufrieden aus. „Die habe ich gerade geschenkt bekommen.“

schnorren	andere Leute um Geld, Essen oder etw. Ähnliches bitten
hart	*hier:* schwierig

„Boah, lecker!“ Benni und Merle nehmen die Brötchen. „Jara, wie hast du das geschafft?“
Jara lacht nur. Die drei sitzen nebeneinander und essen die Brötchen.
„Jara, du hast Glück“, sagt Benni. „Du kannst so leicht mit den Leuten sprechen.“
„Ich kann gut **schnorren**. Das meinst du doch, oder?“ Jara lacht wieder.
Benni lacht auch: „Ja, das meine ich. Du machst das super! Und die Leute mögen dich.“
„Warum hast du Angst davor, fremde Menschen anzusprechen? Was kann passieren?“
„Vielleicht ärgern sie sich. Vielleicht sagt jemand ‚nein‘. Ich weiß nicht ...“
„Ich glaube, dieser Punkt ist ganz wichtig“, sagt Merle. „Dieser Typ, der ohne Geld lebt, der hat gar keine Angst zu schnorren. Der findet das einfach richtig. Man kann ja mal fragen. Ich selbst finde es auch nicht so einfach.“
„Das kann man lernen“, meint Jara.
„Ich weiß nicht“, sagt Benni. „Für mich ist es **hart**.“

i Krabben, eigentlich Garnelen, sind kleine Krebstiere, die in der Nordsee leben. In Norddeutschland isst man sie in einem Brötchen mit Mayonnaise und Salat.

Dann rechnen die drei Freunde zusammen: Sie haben jetzt zwei Tage ohne Geld gelebt. Sie hatten manchmal **Pech**: im Supermarkt, beim Bäcker, mit den Pfandflaschen. Aber sie hatten auch Glück: die Äpfel im Garten, die Sachen im Haus, Günter und sein Kaffee, die Fahrräder.
„Das ist nicht nichts“, findet Merle.
„Und jedes Mal lernen wir neue Leute kennen“, sagt Jara.
„Ich finde, wir sollten **weitermachen**“, meint Merle. „Aber es gibt ein paar Sachen, für die braucht man unbedingt Geld: **Strom** zum Beispiel.“

Pech *n*	kein Glück
weitermachen	nicht aufhören; nicht stoppen
Strom *m*	Elektrizität
Solarzelle *f*	ein Teil, das aus Sonne Strom macht
Stall *m*	kleines Haus, in dem ein Tier wohnt

„Ich bin auch dafür, dass wir weitermachen“, sagt Jara. „Aber vielleicht geht es nicht zu hundert Prozent. Und für manche Dinge findet man nicht sofort eine Lösung.“
„Das ist ja auch nicht schlimm“, findet Benni. „Wir studieren noch zwei Jahre. In dieser Zeit haben wir die Freiheit, es weiter zu probieren. Wir werden immer ein bisschen besser werden. Jara kann uns irgendwann eine **Solarzelle** schnorren. Dann haben wir unseren eigenen Strom.“
Jara lacht. „Und wir brauchen Hühner! Oh, Leute, ich will gar nicht zurück nach Würzburg.“

Die Semesterferien sind vorbei. Im Garten steht ein Hühner**stall**. Die Hühner sind ein Geschenk von Günter. Den

Stall hat Jara aus alten **Paletten** gebaut. Das Gemüsebeet ist größer geworden. Günter zahlt keine Miete mehr und arbeitet **Teilzeit**. Er repariert alles: den **Rasenmäher**, die **Waschmaschine**, das Fahrrad, das Merle am Bahnhof gefunden hat. Und er kennt sehr viele Leute. Immer, wenn es ein Problem gibt, sagt er: „Ich kenne da jemanden."

Übung 8: Was ist richtig? Kreuzen Sie an!

1. Schnorren ist für Benni kein Problem. ❐
2. Merle mag Krabbenbrötchen. ❐
3. Die Freunde freuen sich über ihre Erfolge. ❐
4. Merle sagt, dass man für manche Dinge Geld braucht. ❐
5. Benni will nicht zurück nach Würzburg. ❐

Benni und Merle fahren zurück nach Würzburg. Sie wollen in den nächsten Semesterferien wiederkommen. Jara bleibt. Sie macht ihren Master im **Fernstudium**. Sie kümmert sich um den Garten und die Hühner. Den letzten Abend verbringen die vier Freunde zusammen im Garten.

Palette *f*	Gestell aus Holz
Teilzeit *f*	kürzere Arbeitszeit als üblich
Rasenmäher *m*	Maschine, die Gras schneidet
Waschmaschine *f*	Maschine, die Kleidung wäscht
Fernstudium *n*	Universitätsstudium von zu Hause aus

Neu in der Stadt

Nina Wagner

Inhalt
Maria aus Spanien zieht nach Bonn. Alles ist neu und fremd. Doch bald lernt sie die Menschen in Bonn kennen. Sie erfährt auch viel über die Stadt und ihre Geschichte. Eine besondere Begegnung verändert vielleicht ihr Leben.

Personen
Maria kommt aus Spanien und arbeitet jetzt in Bonn. Sie vermisst ihre Freunde und das Leben in Madrid.

Karla wohnt bei Maria im Haus. Sie ist lustig und hilfsbereit.

Maik arbeitet in einem Café. Er möchte Autor werden und Geschichten schreiben.

Frau Müller ist Marias Nachbarin. Sie ist oft schlecht gelaunt.

Schauplatz
Bonn war bis zur deutschen Einheit die Hauptstadt der Bundesrepublik Deutschland. Sie liegt im Bundesland Nordrhein-Westfalen. Durch Bonn fließt der Fluss Rhein.

„Nächster Halt: Bonn Hauptbahnhof!“
Maria schaut aus dem Zugfenster. Sie sieht viele alte Häuser und Bäume. Der Zug hält an. Sie ist angekommen in der neuen Stadt, in ihrem neuen Leben.

Werbezeichner/ Werbezeichnerin *m/f*	Grafiker/Grafikerin, Layouter/Layouterin
Stelle *f*	*hier:* Arbeitsplatz
sich umschauen	in alle Richtungen blicken
hektisch	schnell, ohne Zeit
Zettel *m*	kleines Stück Papier für Notizen

Maria ist 31 Jahre alt und arbeitet als **Werbezeichnerin**. Vor einem Monat hat sie die **Stelle** in Bonn bekommen. Sie kommt aus Madrid. Dort leben ihre Familie und ihre Freunde. Aber Maria möchte etwas Neues kennenlernen. Deshalb hat sie in einem Onlinekurs ein bisschen Deutsch gelernt. In der neuen Firma sprechen alle Englisch. So kann sie direkt anfangen.

Maria steigt aus dem Zug aus und **schaut sich um**. Alle Menschen laufen **hektisch** über den Bahnsteig. Sie sucht den **Zettel** mit ihrer neuen Adresse in der Handtasche.
„___ ___ ___ ___ straße 36“, sagt sie leise. Aber sie weiß nicht, wo die Straße ist.
„Entschuldigung, können Sie …“, fragt Maria eine Frau. Aber die Frau geht einfach weiter.
„Dann nehme ich ein Taxi“, denkt Maria und geht zu dem Taxistand neben dem Bahnhof. Sie steigt in ein Taxi und zeigt dem Taxifahrer den Zettel.
„Das ist ganz in der Nähe“, sagt der Taxifahrer und fährt los.

Übung 1: Rätsel. **In welcher Straße wohnt Maria jetzt?**

1. Ein anderes Wort für Zug: [B] _a_ _h_ _n_
2. Der Artikel von Gleis: __ [ ] __
3. Den Zug wechseln: [ ] __ __ __ __ __ __ __ __
4. Ich lerne __ [ ] Abend Deutsch.

Lösung: [B] [ ] [ ] [ ] straße

Nach circa zehn Minuten hält das Taxi vor einem großen Haus an.

„Wir sind da. Das macht dann 15 Euro“, sagt der Taxifahrer. Maria bezahlt und steigt aus. Sie steht vor einem großen Haus. Es ist ein Altbau mit großen Fenstern. Den Schlüssel soll sie im **Erdgeschoss** bei Frau Schmidt abholen. Sie schaut auf die **Klingelschilder** und drückt die Klingel von Frau Schmidt. Eine Frau öffnet die Tür. Sie ist ungefähr 70 Jahre alt und sieht sie unfreundlich an.

„Sind Sie Maria Gonzalez?“, fragt sie.

„Ja, ich bin Maria Gonzales. Ich komme aus Madrid und wohne jetzt hier“, sagt Maria und lächelt.

> In Bonn gibt es sehr viele alte Häuser, die Mitte bis Ende des 19. Jahrhunderts gebaut wurden.

Frau Schmidt schaut sie **ernst** an. „Das weiß ich. Hier ist der Schlüssel. Ihre Wohnung ist direkt neben meiner Wohnung. Hier im

Erdgeschoss." Sie gibt Maria den Schlüssel und zeigt auf die Tür rechts neben ihrer Wohnung.

„Ich hoffe, dass Sie ruhig sind. Ich mag keine laute Musik und auch keine Partys in der Nacht", sagt Frau Schmidt. Dann **dreht** sie **sich um** und geht zurück in ihre Wohnung.

„Hoffentlich sind nicht alle Deutschen so unfreundlich", denkt Maria und öffnet ihre Wohnungstür.

Erdgeschoss *n*	unteres Stockwerk eines Hauses
Klingelschild *n*	Schild mit dem Namen an der Tür
ernst	nicht lustig
sich umdrehen	eine Bewegung in eine andere Richtung machen
möbliert	mit Möbeln
Umgebung *f*	Gegend
menschenleer	ohne Menschen

Die Wohnung gefällt ihr sofort. Sie ist klein, aber **möbliert**. Die kleine Küche ist neben dem Wohnzimmer. Maria öffnet die Terrassentür im Wohnzimmer und geht hinaus. Es ist ein kleiner Garten mit einem großen, alten Baum. „Schön!", denkt Maria und geht zurück in die Wohnung. Sie hat keine Lust, ihren Koffer auszupacken. Sie möchte lieber die **Umgebung** kennenlernen. Sie stellt den Koffer in den Flur und schließt die Haustür hinter sich.

Es ist ein kühler, sonniger Tag im März. In Madrid ist es jetzt schon wärmer. Die Menschen sitzen in den Straßencafés und trinken zusammen einen Kaffee. Hier ist die Straße **menschenleer**.

Maria geht langsam durch die Straßen und schaut die alten Häuser an. Sie läuft Richtung Zentrum und sieht die schönen Parks und das historische Gebäude der Universität Bonn. Daneben ist ein großer Platz mit einigen Cafés. Maria setzt sich in ein Café und bestellt einen Milchkaffee[i]. Sie holt ihr Deutschbuch aus der Tasche und beginnt zu lesen:

Übung 2: Verbformen. Ergänzen Sie die Verben in der richtigen Form!

1. Maria *liest* ein Buch. lesen

2. Wir ________ im Supermarkt ________. einkaufen

3. Ich ________ schon ein bisschen Deutsch sprechen. können

4. Ihr ________ am Nachmittag im Park ________. spazieren gehen

5. Du ________ aus Spanien. kommen

Deutsch ist eine schwere Sprache. Aber Maria möchte sie lernen. Sie möchte die Menschen hier verstehen und Freunde finden.

„Kann ich noch etwas bringen?"

Maria schaut auf. Der Kellner steht vor ihr und **lächelt** sie **an**. Er sieht freundlich aus. Er hat dunkle **Locken** und einen **Dreitagebart**.

„Nein danke, ich möchte bitte bezahlen", antwortet sie.

Der Kaffee - das Café: *Der Kaffee* bezeichnet das Getränk, *das Café* die Gaststätte. In einem Café kann man einen Kaffee bestellen.

jn. anlächeln	jn. sehr freundlich anschauen
Locke *f*	Welle im Haar
Dreitagebart *m*	Bart, wenn man sich ein paar Tage nicht rasiert
jn. vermissen	traurig sein, dass jd. nicht da ist
hüpfen	springen
etw. streicheln	über etw. streichen, etw. sanft berühren
verschwinden	*hier:* weggehen

Nach circa 15 Minuten Fußweg ist Maria in ihrem neuen Zuhause. Sie packt ihren Koffer aus und setzt sich auf das Sofa im Wohnzimmer. Sie schaltet den Fernseher ein. Maria ist traurig und **vermisst** ihre Freunde in Madrid. War es falsch, nach Bonn zu kommen? Sie will gerade den Fernseher ausschalten und sich ins Bett legen. Da sieht sie eine Katze direkt vor ihrer Terrassentür stehen.
„Wer bist du denn?", fragt sie die Katze und öffnet die Tür. Die Katze springt ins Wohnzimmer und **hüpft** auf ihr Sofa. Maria setzt sich neben die Katze und **streichelt** sie. Maria fühlt sich nicht mehr so allein. Die Katze sitzt ein bisschen bei ihr. Dann **verschwindet** sie durch die offene Tür. Maria lächelt.
„Einen Freund habe ich heute schon mal gefunden", denkt sie und legt sich ins Bett. Am nächsten Morgen beginnt ihre neue Arbeit.

Es ist kurz nach 17 Uhr. Maria kommt von ihrem ersten Arbeitstag zurück. Sie ist müde, denn der Tag war sehr anstrengend. Sie hat ihren neuen Chef und die Kolleginnen und Kollegen kennengelernt. Sie sind alle sehr nett. Das neue Büro gefällt ihr auch sehr gut. Es ist direkt am

Rhein. Sie kann vom Fenster aus das Wasser und die Schiffe sehen.

Feierabend *m*	Zeit nach der Arbeit
kuscheln	liebevoll und zärtlich miteinander sein
sich Sorgen machen	denken, dass etw. Schlimmes passiert ist

Die Sonne scheint auf ihre Terrasse. Deshalb macht sie sich einen Kaffee und setzt sich in die Sonne. Sie schließt die Augen und denkt an ihren **Feierabend** in Madrid. Meist hat sie sich mit Freunden getroffen und war oft in einer Tapasbar.
Plötzlich springt etwas auf ihre Beine. Sie öffnet die Augen und schaut direkt in das Gesicht der kleinen Katze.
„Da bist du ja wieder", sagt sie und streichelt die Katze.
Die beiden **kuscheln** eine ganze Zeit. Da hört Maria eine Frauenstimme.
„Feli, wo bist du? Feli!"
Die Katze springt auf und schaut zu einer jungen Frau. Sie geht über den Innenhof.
„Suchst du eine Katze?", ruft Maria.
„Ja, ich finde meine Katze Feli nicht. Hast du sie vielleicht gesehen?", antwortet die Frau. Sie kommt näher und sieht die Katze auf Marias Schoß. „Feli! Da bist du ja! Ich habe **mir** schon **Sorgen gemacht**!" Die Frau kommt zu Maria auf die Terrasse.
„Ist das deine Katze?", fragt Maria. „Sie hat mich gestern schon besucht. Ich wohne seit gestern hier. Ich bin Maria."
Die Frau lacht und gibt Maria die Hand. „Hallo Maria. Freut mich, dich kennenzulernen. Ich bin Karla und wohne in

der ersten **Etage** mit meiner Katze Feli. Die hast du ja schon kennengelernt."
„Ja, sie ist wirklich sehr süß. Hast du Zeit für einen Kaffee?", möchte Maria wissen.

Etage *f*	Stockwerk
sich unterhalten	miteinander reden, sprechen
neugierig	sehr interessiert; wenn man alles wissen will

Karla schaut auf die Uhr. „Ja klar. Eine halbe Stunde habe ich noch. Dann gehe ich ins Fitnessstudio."
Die beiden Frauen **unterhalten sich** und haben viel Spaß. Feli kuschelt dabei mal mit Karla und dann wieder mit Maria. Karla möchte alles über Maria wissen.

Übung 3: Fragesätze. Welches Wort passt in die Lücke? Lesen Sie weiter und ergänzen Sie!

Warum ~~Was~~ Wie Woher Was

1. *Was* bist du von Beruf?
2. ________ kommst du?
3. ________ bist du jetzt in Bonn?
4. ________ alt bist du?
5. ________ sind deine Hobbys?

Maria muss lachen. Karla ist sehr **neugierig** und redet sehr viel. Aber das mag sie. Karla wohnt schon drei Jahre in Bonn. Ihre Familie lebt in Berlin. Sie erzählt von Berlin.

Und Maria erzählt von Madrid.
Karla **vergisst** die Zeit und nach zwei Stunden schaut sie auf die Uhr. „Ups, mein Sportkurs ist nun schon vorbei. **Egal**, das Kaffeetrinken mit dir hat mir mehr Spaß gemacht. Schön, dass du jetzt hier im Haus wohnst."

etw. vergessen	nicht mehr an etw. denken
egal	nicht wichtig
Heimweh *n*	ein trauriges Gefühl, dass man nach Hause möchte
jm./etw. eine Chance geben	jm./etw. eine weitere Option geben

„Ja, das finde ich auch. Aber alles ist in Bonn noch so neu und ich vermisse Madrid wirklich sehr."
„Das kann ich gut verstehen. Ich hatte am Anfang auch oft **Heimweh**. Aber **gib** Bonn **eine Chance**! Hier ist es auch gut und es gibt viele schöne Orte und Plätze."
Maria nickt.
„Was machst du morgen Nachmittag?", fragt Karla.
„Ich arbeite bis 16 Uhr. Dann habe ich keine Pläne."
„Sehr gut. Ich hole dich bei der Arbeit ab und dann zeige ich dir Bonn. Hast du Lust?"
„Ja, klar." Maria lächelt.

Am nächsten Tag um 16 Uhr steht Karla schon vor dem Bürogebäude und wartet auf Maria.
„Bin ich zu spät?", fragt Maria und schaut auf die Uhr.
„Nein, nein. Ich bin erst vor ein paar Minuten gekommen."
„Es stimmt also", denkt Maria, „die Deutschen sind wirklich sehr pünktlich."

Übung 4: Richtig oder falsch? Kreuzen Sie die richtigen Sätze an!

1. Maria lädt Karla auf einen Kaffee ein. ☒
2. Die Frauen sprechen über ihre Heimatstädte. ☐
3. Karla hat auch heute noch Heimweh. ☐
4. Maria freut sich auf die Verabredung. ☐
5. Karla ist unpünktlich. ☐

„Was machen wir jetzt?"
„Ich zeige dir die schönsten Orte von Bonn." Karla lächelt und geht los.
Die beiden Frauen **gehen** am **Rheinufer entlang**. Karla erzählt, dass auf der anderen Seite der Stadtteil Beuel liegt. Sie erzählt von dem anstrengenden Leben der **Wäscherinnen**.
„Stell dir vor, es ist 1900. Die Frauen in Bonn verdienen ihr Geld mit Wäschewaschen. Sie sitzen am Rhein, waschen die Wäsche und unterhalten sich über die Nachbarn und das Leben. Und sie **beschweren sich über** ihre Männer. Sie sind **unzufrieden** mit ihren Männern. Sie wollen einen Tag ohne Männer Spaß haben.

Rheinufer *n*	Bereich zwischen dem Fluss Rhein und festem Land
entlang-gehen	einem Weg oder einer Straße in einer bestimmten Richtung folgen
Wäscher/ Wäscherin *m/f*	jd., der im Beruf Wäsche wäscht
sich über etw. beschweren	sagen, dass man mit etw. nicht zufrieden ist
unzufrieden	nicht zufrieden, nicht glücklich

geteilt	in zwei Hälften getrennt, halbiert
verzweifelt	ohne Hoffnung
jn./etw. erkennen	merken, dass man jn. oder etw. kennt

Und das ist der Beginn von Weiberdonnerstag(i)." Maria muss lachen. Das ist eine lustige Geschichte. Maria ist froh, dass sie Karla kennengelernt hat. Sie mag ihre fröhliche Art.
Die beiden gehen weiter und erreichen nach einiger Zeit die Bonner Oper. Von hier aus kann man die Kennedybrücke sehen. Sie verbindet die Stadt, die durch den Rhein **geteilt** ist.
„Wollen wir eine Pause machen?", fragt Karla und zeigt auf ein kleines Restaurant direkt neben der Oper.
„Das ist eine gute Idee!", antwortet Maria.

Sie wollen sich gerade setzen, da sehen sie einen jungen Mann. Er geht über den Platz vor der Oper und schaut nach unten. Ob er etwas sucht? Er sieht **verzweifelt** aus.
„Wollen wir ihn fragen, ob er Hilfe braucht?", fragt Maria.
„Hey, ist alles in Ordnung?", ruft Karla dem jungen Mann zu.
Er sieht zu ihnen auf und Maria **erkennt** ihn sofort.
„Ich kenne ihn", sagt sie, „das ist der Kellner aus dem kleinen Café an der Universität." Maria hat seine dunklen Locken sofort erkannt.
„Und du sagst, dass du niemanden in Bonn kennst", lacht Karla.
Der junge Mann kommt zu ihnen.

(i) Weiberdonnerstag ist der erste Tag im Karneval. Der Montag danach heißt Rosenmontag und der Dienstag Veilchendienstag. Am Weiberdonnerstag feiern die Frauen Karneval.

„Suchst du etwas?", fragt Karla.

„Ja, mein **Notizbuch**. Habt ihr vielleicht ein kleines, dunkelblaues Notizbuch gesehen? Es ist circa 15 Zentimeter groß."

Notizbuch *n*	kleines Buch, um Informationen/Notizen aufzuschreiben
grinsen	breit lächeln
nicken	mit dem Kopf Ja sagen

Maria und Karla schauen auf den Boden. „Nein, leider nicht. Ist das Notizbuch wichtig für dich?"

„Ja, in dem Notizbuch stehen alle meine Ideen für meine Geschichte."

„Bist du Autor?", fragt Maria.

„Also nicht direkt. Ich möchte ein Autor werden[i]. Und jetzt soll ich für einen Verlag eine Geschichte schreiben. Über die Menschen in Bonn. Ich habe schon viele Notizen. Aber jetzt sind sie weg."

„Arbeitest du deshalb in dem Café?", möchte Maria wissen.

Der junge Mann schaut Maria an. „Du warst gestern in dem Café. Du hast einen Milchkaffee getrunken und Deutsch gelernt." Er lächelt sie an.

„Stimmt, hast du mich beobachtet?"

> *Werden* drückt aus, dass etwas in der Zukunft passiert:
> *Ich werde nächstes Jahr nach Spanien in den Urlaub fahren.*

„Vielleicht." Er **grinst.**

„Sollen wir dir bei der Suche helfen?", fragt Maria und schaut Karla an.

Karla **nickt**.

„Das wäre super. Das Buch ist sehr wichtig für mich. Ich heiße übrigens Maik."

„Also, Maik, wo warst du überall?", fragt Karla.

„Wollen wir nicht einen Kaffee trinken? Dann kann Maik in Ruhe überlegen“, sagt Maria.
„Das ist eine gute Idee“, findet auch Maik.

Kurze Zeit später trinken Maik, Karla und Maria einen Milchkaffee. Maria hält einen Zettel und einen Stift in der Hand.
„Hier können wir aufschreiben, wo du überall warst. Und dann machen wir uns auf die Suche (i).“
Sie trinken ihren Milchkaffee aus und starten die Suche. Ihre erste Station auf dem Zettel ist das alte Rathaus.

Wochenmarkt *m*	Markt, der einmal in der Woche stattfindet
Stand *m*	kleines mobiles Verkaufshaus auf einem Markt
erfolglos	ohne Erfolg
Hauswand *f*	Außenmauer am Haus
etw. besichtigen	etw. anschauen

Sie kommen an dem großen Platz an. Heute ist **Wochenmarkt** und es stehen viele **Stände** mit Obst und Gemüse auf dem Platz. Sie gehen über den Marktplatz und suchen das Notizbuch zwischen den Ständen. Sie fragen die Verkäufer, aber niemand hat das Notizbuch gesehen.
„Es ist wirklich schön hier! So viele Menschen, die Verkäufer, das frische Obst und Gemüse!“, denkt Maria.
Ihre Suche auf dem Marktplatz ist leider **erfolglos**, und so gehen sie weiter zur nächsten Station. Sie gehen die Bonngasse entlang. Am Ende der Straße bleibt Maria vor einem Haus stehen.

(i) *Sich auf die Suche machen* bedeutet: *mit der Suche beginnen, anfangen: Ich mache mich im Wohnzimmer auf die Suche nach meinem Schlüssel.*

„Beethovenhaus", liest sie auf dem Schild an der **Hauswand**.
„Das ist das Geburtshaus von Beethoven", erklärt Karla ihr.
„Deshalb ist Bonn auch die Beethovenstadt", fügt Maik hinzu.
„Kann man das Haus **besichtigen**?", fragt Maria.
„Ja. Wir können mal zusammen hingehen", sagt Karla.
Sie suchen das Notizbuch an jeder Station, die auf dem Zettel steht. Aber sie finden nichts.
Nach zwei Stunden sieht Maik auf seine Armbanduhr. „Es ist schon spät. Ich muss gleich im Café arbeiten. In dem Buch steht meine Telefonnummer. Vielleicht findet jemand das Buch. Das ist meine letzte Chance." Maik sieht sehr traurig aus.
Maria und Karla begleiten Maik und unterhalten sich über den Nachmittag.

Übung 5: Perfekt. Lesen Sie weiter und ergänzen Sie die Verbformen in der Vergangenheit!

„Das **1.** ___*war*___ sein wirklich ein lustiger Nachmittag. Wir haben Maik **2.** ________________ kennenlernen und wir haben Bonn **3.** ________________ besichtigen. Dann sind wir mit der Straßenbahn **4.** ________________ fahren. Wir sind heute sehr viel **5.** ________________ laufen. Deshalb tun meine Füße jetzt weh", sagt Maria zu Karla.

Es ist Abend, und Maria geht nach Hause. „Das war wirklich ein schöner Tag“, denkt sie. Das erste Mal war sie nicht traurig und hat Madrid nicht so vermisst.
Es wird langsam dunkel. Maria kommt an dem Marktplatz an. Der Wochenmarkt ist vorbei und die Stände sind weg. Nur ein paar leere Kartons stehen auf dem Boden. Maria geht langsam über den Platz. Plötzlich bleibt sie stehen und schaut auf den Boden. Unter einer leeren Obstkiste sieht sie ein kleines, blaues Buch. Kann es Maiks Notizbuch sein? Maria **bückt sich** und **holt** das Buch unter der Kiste **hervor**. Sie öffnet es. Auf der ersten Seite stehen ein Name und eine Telefonnummer: Maik Köpke. Ist das ein **Zufall**? Oder hat Maria wirklich das Notizbuch von Maik gefunden? Maria blättert auf die zweite Seite und liest:
Ein älterer Mann kommt heute in das Café. An jedem Tisch fragt er: ‚Alle mal malen?‘ Die meisten Leute kennen ihn und freuen sich. Für etwas Geld malt er die Gäste an den Tischen. Die Bilder sehen alle gleich aus, aber die Menschen freuen sich über ihn und seine Bilder. Er hat eine Tasche mit Malpapier und einen Bleistift dabei. Wie ein richtiger **Künstler**. *Er ist ein lustiger Typ und er ist in Bonn* **berühmt**.

> Der „Alle-Mal-Malen-Mann“ nannte sich eigentlich Jan Loh und war eine lokale Berühmtheit. Jeden Abend ging er in die Lokale der Stadt und malte die Gäste. Er verstarb 2018.

Maria schließt das Buch. „Das ist das Buch von Maik“, denkt sie. Sie steckt das Buch in ihre Handtasche. Sie möchte es ihm am nächsten Tag geben. Sie macht sich auf den Heimweg. Nach einer halben Stunde kommt sie an ihrer Wohnung an. Sie steckt den Schlüssel ins Schloss und öffnet die Tür. Sie geht den Flur entlang. Da sieht sie eine Person auf dem Boden liegen. Es ist Frau Schmidt, ihre Nachbarin.

„Frau Schmidt", ruft sie, „ist alles in Ordnung?" Sie **beugt sich** zu der alten Dame **nach unten**.

„Mein Bein, mein Bein tut so weh", **jammert** Frau Schmidt und zeigt auf ihr rechtes Bein.

„Was ist passiert?", möchte Maria wissen.

„Ich **bin gestürzt** und jetzt kann ich nicht mehr aufstehen."

„Ich rufe einen Krankenwagen", sagt Maria und holt ihr Handy aus der Handtasche. Sie wählt die 112 und erklärt, was passiert ist.

Nach zehn Minuten kommt der Krankenwagen, und Frau Schmidt muss ins Krankenhaus. Sie bekommt einen **Gips**, denn ihr Bein ist **gebrochen**. Dann darf sie mit dem Taxi wieder nach Hause fahren.

sich bücken	sich mit dem Oberkörper nach unten bewegen
etw. hervorholen	etw. aufheben, sichtbar machen
Zufall *m*	eine unerwartete, nicht beabsichtigte Situation
Künstler/ Künstlerin *m/f*	Person, die Kunst macht
berühmt	sehr bekannt
sich nach unten beugen	sich mit dem Oberkörper nach unten bewegen
jammern	weinend/klagend sagen
stürzen	fallen
Gips *m*	Material/Verband, um ein gebrochenes Bein zu fixieren
gebrochen	in zwei oder mehrere Teile kaputtgegangen

Übung 6: Fragen zum Text. Beantworten Sie die Fragen!

1. Wo findet Maria das Notizbuch? *auf dem Marktplatz*

2. Wem gehört es? ____________________

3. Ist Frau Schmidt verletzt? ____________________

4. Was tut Frau Schmidt weh? ____________________

5. Wen ruft Maria? ____________________

Spät am Abend klingelt es an Marias Tür. Sie öffnet die Tür. Frau Schmidt steht auf **Krücken** vor ihr.

„Frau Schmidt! Wie geht es Ihnen? Wollen Sie reinkommen?"

„Nein danke. Ich bin sehr müde und gehe sofort ins Bett. Aber ich möchte **mich bei** Ihnen **bedanken**."

„Aber das ist doch **selbstverständlich**!", antwortet Maria. „Frau Schmidt ist heute richtig freundlich", denkt sie.

Krücke *f*	Hilfsmittel zum Gehen, wenn man nicht gut laufen kann
sich bei jm. bedanken	jm. Danke sagen
selbstverständlich	natürlich, klar
sich an etw. erinnern	etw. nicht vergessen, an etw. zurückdenken
aufregend	spannend

„Ich bin froh, dass Sie jetzt in unserem Haus wohnen", sagt Frau Schmidt. „Ich möchte Sie gern am Sonntag zum Mittagessen einladen. Haben Sie Zeit?"

„Das ist sehr nett, Frau Schmidt. Ich komme sehr gern", antwortet Maria.

An diesem Abend liegt Maria in ihrem Bett und **erinnert sich an** den Tag. Es war ein **aufregender** und ein schöner Tag. Und nun kennt sie schon ein paar Menschen in Bonn. Sie schläft zufrieden ein.

Maria wacht am nächsten Tag auf und möchte sofort zu Maik fahren. Sie will ihm das Buch zurückgeben. Aber sie muss erst arbeiten. Dann kann sie in das Café gehen und ihm das Buch geben. Sie könnte[i] Maik auch anrufen. Aber sie will sein Gesicht sehen, wenn er das Buch bekommt.

Maria hat wieder um 16 Uhr Feierabend und läuft sofort in das Café. Aber Maik ist nicht da.
Sie fragt einen anderen Kellner: „Arbeitet Maik heute nicht?"
„Doch, er kommt in einer halben Stunde. Möchtest du auf ihn warten?"
Maria setzt sich an einen Tisch neben der Tür. Hier kann sie gut sehen, wenn er kommt. Nach 30 Minuten kommt Maik in das Café.
„Er sieht wirklich gut aus", denkt Maria.
„Hallo Maria, hast du mich vermisst?", fragt Maik und grinst.

„Deshalb bin ich nicht hier. Ich habe etwas für dich", sagt sie und gibt Maik das Buch.
Er schaut sie mit großen Augen an. „Woher hast du mein Notizbuch?"

Könnten drückt eine Möglichkeit oder eine höfliche Frage aus.
– Möglichkeit: *Ich könnte dir morgen helfen.*
– Höfliche Frage: *Könntest du bitte das Fenster öffnen?*

Maria erklärt ihm, wo sie das Buch gefunden hat. Sie erzählt auch von dem **Unfall** von Frau Schmidt und der Einladung zum Mittagessen.

Unfall *m*	Ereignis, bei dem sich jd. verletzt oder etw. kaputtgeht
Lebewesen *n*	Tier oder Mensch
Hufeisen *n*	„Schuh" vom Pferd

„Du bist ja ein richtiger Glücksbringer", sagt Maik.
„Was ist ein Glücksbringer?", fragt Maria. „Das Wort verstehe ich nicht."
„Ein Glücksbringer ist etwas, das Glück bringt. Zum Beispiel eine Sache oder ein **Lebewesen**. Manche Menschen haben zum Beispiel eine Figur an ihrem Schlüssel. Oder sie hängen ein **Hufeisen** an die Wand."
„Ah, jetzt verstehe ich das Wort. In Spanien haben wir unseren Indalo. Das ist eine Figur. Sie soll Glück bringen."
„Ja, genau. Und du bist jetzt mein Glücksbringer", lacht Maik.

Übung 7: Antonyme. Finden Sie das Gegenteil. Ordnen Sie zu!

1. [d] etwas	a) kein
2. [ ] jemand	b) wenig
3. [ ] ein	c) hässlich
4. [ ] viel	d) nichts
5. [ ] hübsch	e) niemand

Am späten Nachmittag besucht Maria noch Frau Schmidt. Die beiden Frauen trinken einen Kaffee zusammen und Frau Schmidt erzählt aus ihrem Leben:

Witwe *f*	Frau, deren Mann gestorben ist
einsam	allein und traurig
eigentlich	normalerweise, im Grunde
beschließen	entscheiden
sich wohlfühlen	zufrieden sein

Sie wohnt schon seit 40 Jahren in diesem Haus. Sie ist **Witwe**, denn ihr Mann ist vor fünf Jahren gestorben. Deshalb ist Frau Schmidt **einsam**. Sie sitzt den ganzen Tag vor dem Fernseher. **Eigentlich** ist Frau Schmidt nett und überhaupt nicht unfreundlich. Maria **beschließt**, die alte Dame nun öfter zu besuchen.

Maria **fühlt sich** jetzt sehr **wohl** in Bonn. Sie mag ihre Wohnung, und die Arbeit macht ihr Spaß. Nach der Arbeit trifft sie sich oft mit Karla und Maik. Dann gehen sie in die Rheinaue[i] oder treffen sich in einer Bar in der Bonner Altstadt. Maria besucht Frau Schmidt ein- bis zweimal in der Woche. Frau Schmidt ist jetzt sehr freundlich zu ihr. Sie hilft Maria, Deutsch zu lernen, denn sie war früher Deutschlehrerin. Maria muss sogar Hausaufgaben machen. Aber es macht ihr viel Spaß und sie spricht schon viel besser Deutsch. Aber manche Übungen findet sie auch sehr schwer:

> Die Rheinaue ist ein großer Park in Bonn. Er ist ein beliebter Freizeitpark für Sportler und Familien. Im Sommer gibt es hier einen großen Flohmarkt.

Übung 8: Verben mit Präfix. Ergänzen Sie die passenden Verben in Marias Hausaufgabe!

wegfahren | anziehen | stattfinden | ausmachen | fernsehen | ~~aufstehen~~

1. Sie *steht* um sieben Uhr *auf*.
2. Maik ______________ mit dem Fahrrad ______________.
3. Die Party ______________ jedes Jahr ______________.
4. Was soll ich heute ______________?
5. Frau Schmidt ______________ sehr viel ______________.
6. Karla ______________ ihr Handy ______________.

Weil Maria sich so wohlfühlt, möchte sie eine **Einweihungsfeier** machen.

Einweihungsfeier *f*	Party, wenn man eine neue Wohnung hat

Sie erzählt Karla von ihrem Plan: „Am Anfang war ich sehr einsam in Bonn. Ich habe Madrid und meine Freunde sehr vermisst. Aber nun kenne ich euch. Und ich bin glücklich. Deshalb möchte ich gern mit meinen neuen Freunden, ein paar Kolleginnen und Kollegen und Nachbarn ein spanisches Fest machen. Mit typischem spanischem Essen, spanischem Wein und spanischer Musik. Ist das eine gute Idee?"
„Das ist eine super Idee", findet Karla.
Und so planen die beiden das Fest.

unsicher	nervös
Stimme *f*	Ton beim Sprechen
überrascht	wenn etw. unerwartet für einen ist; erstaunt

Drei Tage später ist es so weit: Die große Party von Maria beginnt. Sie kocht, räumt auf und dekoriert ihre Wohnung. Um 19 Uhr kommen die Gäste. Auch Frau Schmidt ist gekommen. Sie wirkt etwas **unsicher**, aber Karla nimmt sie direkt mit an das Büffet. Sie erklärt ihr das spanische Essen.

„Schöne Party", sagt eine **Stimme** hinter Maria.

Maria dreht sich um und sieht Maik.

„Danke! Schön, dass du da bist", antwortet Maria und lächelt.

Alle haben bis spät in die Nacht Spaß. Frau Schmidt tanzt sogar zu der spanischen Musik. Maria tanzt mit Maik. Sie ist **überrascht**, Maik tanzt sehr gut.

„Was machst du morgen Nachmittag?", fragt er Maria.

„Morgen ist Sonntag. Ich möchte lange schlafen und dann ein bisschen aufräumen. Nach der Party gibt es sicher viel zu tun."

„Wir könnten zusammen aufräumen. Dann bist du schneller fertig. Und dann hast du am Nachmittag Zeit."

„Was möchtest du denn machen?"

„Lass dich überraschen. Ich bin mir sicher, dass es dir gefällt."

Maik grinst und holt zwei Gläser Wein.

Pünktlich um elf Uhr klingelt Maik an Marias Tür. Etwas müde öffnet sie. Die letzten Gäste sind erst nach

Mitternacht nach Hause gegangen. Deshalb hat Maria nur wenige Stunden geschlafen.
„Guten Morgen", sagt Maik und geht in den Flur.
Auf dem **Rücken** trägt er einen **Rucksack**. Er sieht schwer aus.
„Was ist in dem Rucksack?"
„Das zeige ich dir später. Zuerst räumen wir die Wohnung auf."
Nach zwei Stunden haben sie zusammen alles aufgeräumt. Die Wohnung ist wieder sauber.

Mitternacht *f*	24.00 Uhr
Rücken *m*	hintere Seite des Oberkörpers
Rucksack *m*	Tasche, die man auf dem Rücken trägt
ablegen	*hier:* losfahren, abfahren
Deck *n*	Stockwerk auf einem Schiff

„So. Nun können wir unseren Ausflug machen."
„Wohin fahren wir denn?" Maria ist neugierig.
„Komm. Ich zeige es dir."

Die beiden gehen Richtung Rheinufer. Die Sonne scheint und es ist ein schöner, warmer Tag. Maria und Maik gehen ein Stück am Ufer entlang. An einem großen Schiff bleibt Maik stehen.
„Wir sind da", sagt er und zeigt auf das Schiff. „Wir machen eine Schiffstour Richtung Siebengebirge."
„Das ist eine super Idee", freut sich Maria.
Das Schiff **legt ab**. Maria und Maik sitzen auf dem **Deck** in der Sonne. Maik öffnet seinen Rucksack. Er hat ein Picknick eingepackt. Alles sieht so gut aus und Maria findet das Picknick super.

„Mhmm, das schmeckt auch sehr gut“, sagt Maria und beißt in ein Brötchen.

schweigen nichts sagen

Maria genießt den Nachmittag mit Maik. Er ist lustig und weiß viel über Bonn und die Umgebung. Sie sitzen einige Zeit nebeneinander und **schweigen**. Die Sonne scheint ihnen ins Gesicht und Maria schließt die Augen.

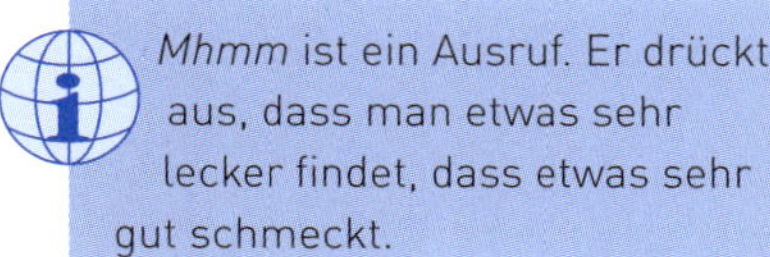

Mhmm ist ein Ausruf. Er drückt aus, dass man etwas sehr lecker findet, dass etwas sehr gut schmeckt.

Sie ist glücklich, dass sie nach Bonn gekommen ist. Es ist nicht wie in Spanien. Aber langsam versteht sie die Menschen und ihre Sprache besser.
Maik legt seinen Arm um ihre Schultern. Maria lächelt. Sie mag Maik wirklich sehr.

Der geheimnis-volle Nachbar

Nina Wagner

Inhalt

Bei einem Straßenfest in der Jollenstraße passiert im Garten von einem alten Haus etwas Merkwürdiges. Das Haus steht schon seit vielen Jahren leer. Sind die Bewohner der Straße in Gefahr? Peter und Heinz möchten mehr darüber wissen. Sie machen einen Plan und stoßen auf ein großes Geheimnis.

Personen

Peter und **Heinz** leben seit vielen Jahren in der Jollenstraße in Buxtehude. Sie sind Freunde und helfen sich immer. Beide sind sehr freundlich und manchmal etwas zu **neugierig**.

Schauplatz

Buxtehude ist eine kleine Stadt im Bundesland Niedersachsen. Sie hat circa 40.000 Einwohner. Sie liegt zwischen Hamburg und Stade. Die Region nennt man auch „Altes Land". Sie ist besonders durch ihre Äpfel bekannt.

„Moin, moin“[i], sagt Peter, als er seinen Nachbarn und Freund Heinz trifft.
„Moin, moin“, antwortet Heinz.

neugierig	sehr interessiert
Hafen *m*	Ort am Wasser, wo Schiffe liegen
für etw. zuständig sein	für etw. verantwortlich sein

Die beiden Männer wohnen schon ihr ganzes Leben in der kleinen Stadt Buxtehude in Niedersachsen. Jeden Morgen treffen sie sich vor der Haustür. Heinz fährt immer mit dem Fahrrad in die Schule. Er ist Lehrer. Peter fährt jeden Tag mit dem Auto nach Hamburg. Er arbeitet dort am **Hafen**. Der kleine Ort Buxtehude liegt circa 50 Kilometer von Hamburg entfernt. Der große Fluss Elbe ist auch nicht weit weg.

„Kommst du morgen zum Straßenfest?“, fragt Heinz.
„Ja, klar. Ich **bin** dieses Jahr **für** den Grill **zuständig**“, antwortet Peter.
„Brauchst du Hilfe?“, möchte Heinz wissen.
„Ja, das wäre super. Zusammen ist es nicht so langweilig, den ganzen Abend am Grill zu stehen“, freut sich Peter.

i In Norddeutschland begrüßt man sich mit *Moin, moin*. Das kann man am Morgen, am Mittag und am Abend sagen.

Das Straßenfest findet jedes Jahr im Juni statt. Alle Bewohner der Jollenstraße treffen sich, essen zusammen und feiern die ganze Nacht hindurch.

Am nächsten Morgen ist auf der Straße schon viel los. Die Nachbarn tragen Tische und Stühle heraus. Sie hängen bunte **Lichterketten** auf und dekorieren alles. Heinz freut sich auf den Abend.

Um 19 Uhr beginnt das Fest. Alle Nachbarn sind da. Die Kinder spielen auf der Straße und die Erwachsenen sitzen zusammen. Die **Stimmung** ist super. Heinz und Peter stehen zusammen am Grill. Es gibt Steaks, Würstchen und gegrilltes Gemüse.

Lichterkette *f*	Kette, die aus vielen kleinen Lampen besteht
Stimmung *f*	Atmosphäre
erleben	etw. mitmachen; bei etw. dabei sein
verwildert	nicht gepflegt; der Natur überlassen
Rollladen *m*	Vorrichtung zum Verdunkeln der Fenster; Jalousie
sich verabschieden	„Auf Wiedersehen" sagen, wenn man geht
gähnen	den Mund kurz öffnen, wenn man müde ist

„Das Fest ist jedes Jahr etwas Besonderes für unsere Straße", sagt Heinz.

„Das stimmt. Die Nachbarn haben mal wieder Zeit füreinander", sagt Peter.

„Wir **haben** wirklich viel **erlebt** in den letzten Jahren", lacht Heinz. Er schaut dabei zu einem alten Haus am Ende der Straße. Der Garten ist **verwildert** und die **Rollläden** sind geschlossen. „Ich frage mich immer wieder, was aus dem Ehepaar Meier geworden ist", sagt er dann.

„Ja, das war eine seltsame Geschichte damals", meint Peter. Beide schauen auf das Haus.

Das Ehepaar Meier hat viele Jahre in dem alten Haus gewohnt. Die beiden waren freundlich und hilfsbereit. Aber seit ein paar Jahren steht das Haus leer. Das Ehepaar war plötzlich weg. Sie **haben sich** nicht **verabschiedet**. Seit diesem Tag steht das Haus leer. Niemand kümmert sich um den Garten und das Haus. Niemand aus dem Ort weiß, wo das Ehepaar ist.

Übung 1: Verben. Lesen Sie weiter und ergänzen Sie die richtigen Verbformen!

sitzen ~~treffen~~ feiern übernachten hören

Manchmal **1.** _treffen_ sich die Jugendlichen **heimlich** in dem Garten von dem alten Haus. Sie **2.** ________ dort zusammen, **3.** ________ Musik oder **4.** ________ kleine Partys. Die Mutigen von ihnen **5.** ________ im Garten.

Auch dieses Jahr ist das Straßenfest wunderschön. Alle sitzen bis spät in die Nacht zusammen. Sie genießen den warmen Abend. Heinz bleibt bis zwei Uhr morgens bei den Nachbarn sitzen. Am nächsten Tag ist er sehr müde. Aber er muss aufstehen. Die Nachbarn wollen zusammen aufräumen.
„Na, bist du auch müde?“, fragt ihn Peter. Er steht mit einer Tasse Kaffee neben Heinz und **gähnt**.
„Ja, ich bin sehr müde. Aber der Abend war wirklich gut“, sagt Heinz.
Da sehen sie Felix. Felix ist der Sohn von Peter. Er ist gerade 18 Jahre alt geworden. Er kommt zu ihnen. Auch er sieht

müde aus. Immer wieder dreht er sich um und schaut auf das alte Haus am Ende der Straße.

„Träumst du noch?", möchte sein Vater wissen. Felix **zuckt zusammen**. „Wie bitte?", fragt er **erschrocken**.

„Was ist denn mit dir los?", fragt Heinz und schaut Felix an.

zusammen-zucken	vor Schreck eine kurze, schnelle Bewegung machen
erschrocken	mit einem Schreck oder kleinen Schock
etw. Seltsames	etw. Komisches; etw., das nicht normal ist
stocken	*hier:* beim Sprechen eine Pause machen
gefesselt sein	festgebunden sein

Der Junge ist nervös. „Papa, wohnt wieder jemand in dem Haus?", fragt er dann.

„Nein, das Haus ist immer noch leer. Warum fragst du?", möchte Peter wissen.

„Gestern ist etwas **Seltsames** passiert", sagt Felix. Er erzählt den beiden Männern, warum er so nervös ist: „Also, es ist ungefähr zwei Uhr. Die letzten Nachbarn gehen gerade ins Bett. Paul und ich sind noch nicht müde. Wir nehmen uns ein paar Flaschen Bier und setzen uns in den Garten."

„In welchen Garten?", unterbricht ihn Peter.

„Na, in diesen", sagt Felix und zeigt auf das alte Haus. „Wir sitzen also im Garten, trinken das Bier und unterhalten uns. Irgendwann werden wir sehr müde und schlafen ein. Und heute Morgen ...", Felix **stockt**. „... heute Morgen werde ich wach, und neben mir liegt Paul. Er **ist** an den Händen und an den Füßen **gefesselt**. Auf seinem Bauch liegt ein Stück Papier."

„Das hast du bestimmt geträumt", sagt Heinz und lacht. Aber dann sieht er die Angst in den Augen von Felix.

„Wo ist Paul jetzt?", fragt Peter.

„Es geht ihm gut. Ich habe die Fesseln geöffnet und er ist nach Hause gegangen."

„Ein Stück Papier, sagst du?" Heinz und Peter sehen sich verwundert an.

„Ja, und auf dem Papier stand eine Nachricht."

Übung 2: Rätsel. Was steht auf dem Stück Papier?

1. das Gegenteil von wenig – [v] _i_ _e_ _l_
2. kaufen – ich _ _ _ _ [ ]
3. der Artikel von Garten – _ _ [ ]
4. der Artikel von Papier – _ _ [ ]
5. Oben auf dem Haus ist das _ _ [ ][ ].
6. Das kommt auf den Grill – die [ ] _ _ _ _.
7. Ich gehe [ ] _ den Garten.
8. unruhig/aufgeregt [ ] _ _ _ _ _
9. 19 Uhr – das ist am _ _ _ _ [ ].
10. der Tisch – die _ _ _ _ _ [ ]
11. Möbelstück im Schlafzimmer – das _ _ _ [ ]

Lösung: [v] [ ] [ ] [ ] [ ] [ ] [ ] [ ] [ ] [ ] [ ] [ ]

Peter und Heinz können es nicht glauben. Sie gehen zusammen mit Felix zu dem alten Haus. Die Blumen im Garten sind **vertrocknet**. Das Gras wächst schon über den **Zaun**. Die grauen Rollläden im **Erdgeschoss** sind geschlossen, die Gardinen in der ersten Etage sind zu. Alles wirkt wie immer.

„Da habt ihr wohl zu tief ins Glas geschaut[i]", sagt Peter und lacht.

Felix bleibt noch einen kurzen Moment bei dem Haus stehen. Vielleicht war es ja ein **Streich** von Freunden? Oder wohnt doch wieder jemand in dem alten Haus?

vertrocknet	verwelkt (bei Pflanzen); kaputt, weil zu wenig Wasser da war
Zaun *m*	Vorrichtung aus Holz oder Metall, die um einen Garten herumgeht
Erdgeschoss *n*	unteres Stockwerk eines Hauses
Streich *m*	eine Aktion, mit der man einen Freund ärgern will
besorgt sein	sich Sorgen machen

Am Abend sitzt Peter mit seiner Frau und seinem Sohn im Esszimmer. Die Familie isst zu Abend. Sie unterhalten sich über das Straßenfest und über die Nacht im Garten.

Die Frau von Peter **ist besorgt**. „Ich möchte nicht, dass ihr nochmals abends in diesen Garten geht", sagt sie zu ihrem Sohn.

„Keine Sorge, Mama", sagt Felix, „das werden wir ganz sicher nicht mehr machen! Aber ich

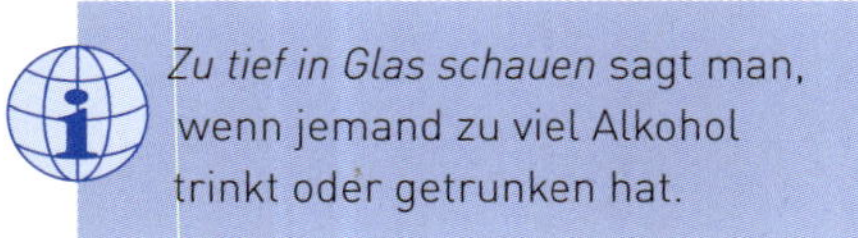

Zu tief in Glas schauen sagt man, wenn jemand zu viel Alkohol trinkt oder getrunken hat.

möchte so gern wissen, wer das war."
„Das möchte ich auch wissen", **stimmt** Peter **zu**. „Bist du dir wirklich ganz sicher, dass es nicht eure Freunde waren?", fragt er seinen Sohn.

zustimmen	der gleichen Meinung sein
jm. Angst einjagen	jn. erschrecken; jm. Angst machen
starren	etw. oder jn. mit den Augen fixieren

„Ganz sicher, Papa", sagt Felix, „wir haben alle gefragt. Sie waren schon im Bett. Und sie machen so etwas nicht. Das war kein Streich. Da wollte uns jemand wirklich **Angst einjagen**!"
Peter beißt von seinem Brot ab und schaut aus dem Fenster. Von hier aus kann er das Haus am Ende der Straße gut sehen.
„Ist bei dir alles in Ordnung, Peter?", fragt seine Frau. Sie ist immer noch ein wenig besorgt.
Peter **starrt** auf das Haus. „Ja, ja, es ist alles in Ordnung", sagt er und isst schnell sein Brot auf. Dann steht er auf, geht in den Flur und zieht seine Schuhe an. „Ich gehe noch kurz mit Pepe spazieren."
Peter nimmt Pepe, den kleinen Hund der Familie, und geht auf die Straße.

Es ist ein warmer Sommerabend und in vielen Gärten sitzt noch jemand beim Abendessen. Alle freuen sich über das gute Wetter und verbringen den Abend draußen. Im Norden von Deutschland gibt es auch im Sommer oft Regen und Wind. Aber heute Abend ist es windstill und die Straße ist noch warm von der Sonne.

Übung 3: Richtig oder falsch? Kreuzen Sie die richtigen Aussagen an!

1. Paul und Felix hatten Angst. ☒

2. Felix darf nochmal in den Garten. ☐

3. Die Familie sitzt zusammen beim Frühstück. ☐

4. Peter hat einen Hund. ☐

5. Das Wetter ist gut. ☐

entlang-gehen	einem Weg oder einer Straße in einer bestimmten Richtung folgen
der Blick ist auf etw. gerichtet	*hier:* man schaut etw. an
flackern	unruhig brennen oder leuchten
sich täuschen	sich irren
Schatten *m*	*hier:* etw., das man kaum sehen kann; Umriss einer Person

Peter **geht** langsam die Straße **entlang**. Sein **Blick ist** fest **auf** das Haus **gerichtet**. **Hat** gerade in einem Fenster ein Licht **geflackert**? Er geht auf das Haus zu. Aber alles ist dunkel. Vielleicht **hat** er **sich getäuscht**. Er nähert sich dem Haus und bleibt direkt davor stehen. Alles sieht aus wie immer: ruhig und verlassen.

Aber plötzlich zuckt Peter zusammen. War das ein **Schatten** an dem Fenster in der ersten Etage? Peter versteckt sich hinter einem Auto. Er schaut zu dem Fenster hoch. Aber er kann hinter der dunklen Fensterscheibe nichts erkennen.

„War die Gardine in der ersten Etage nicht immer geschlossen?", fragt er sich.
Weil er nichts erkennen kann, geht er langsam weiter. Er **beschließt**, das Haus ab jetzt zu **beobachten**. Vielleicht war es doch kein Streich und jemand wohnt dort?

beschließen	entscheiden
beobachten	*hier:* immer wieder nachsehen, ob sich in dem Haus etw. verändert hat
jn. warnen	jm. sagen, dass etw. gefährlich ist
Beweis *m*	Nachweis oder Bestätigung für etw.

Peter möchte Heinz von den Neuigkeiten erzählen. Er klingelt an seiner Haustür. Kurze Zeit später sitzen die beiden Männer auf der Terrasse von Heinz. Sie trinken ein Bier und Peter erzählt, was er gesehen hat.
„Was machen wir denn jetzt?", fragt Peter seinen Nachbarn.
„Ich weiß es nicht. Sollen wir einfach klingeln?"
„Das ist keine gute Idee. Dann **ist** der Typ **gewarnt**. Vielleicht ist er kriminell. Dann brauchen wir **Beweise** für die Polizei", sagt Peter.

In den folgenden Tagen beobachtet Peter das Haus. Von seinem Esszimmer aus kann er es gut sehen. Peter schreibt seine Beobachtungen in ein Buch:
Montag, um 22 Uhr: Ich sehe wieder ein kleines Licht in der ersten Etage.
Montag, um 23 Uhr: Die Gardine in der ersten Etage ist geschlossen.

Dienstag, um 23 Uhr: Das Licht im Erdgeschoss ist für kurze Zeit angeschaltet.

Es ist Mittwochabend, Viertel nach zehn. Peter geht mit seinem Hund Pepe spazieren. Die Luft ist noch warm. Wieder schaut Peter auf das Haus. Da sieht er plötzlich einen Kopf direkt am Fenster. Er geht ein paar Schritte auf das Haus zu. Der Kopf **verschwindet**, und jemand schließt schnell die Gardine. Dann geht das Licht aus, und alles im Haus ist dunkel.

verschwinden	*hier:* weggehen
Hecke *f*	Grenze aus Pflanzen zwischen zwei Gärten

Peter versteckt sich hinter einer **Hecke** und wartet. Aber alles bleibt dunkel. Er wartet eine Viertelstunde, aber nichts geschieht. Dann geht er zurück und klingelt bei Heinz. Er muss ihm sofort alles berichten.

Übung 4: Uhrzeiten. Schreiben Sie die Uhrzeit informell!

1. 13:30 Uhr: Es ist *halb zwei.*

2. 15:15 Uhr: Es ist ______________________

3. 12:45 Uhr: Es ist ______________________

4. 14:20 Uhr: Es ist ______________________

5. 18:05 Uhr: Es ist ______________________

6. 3:35 Uhr: Es ist ______________________

„Was machen wir jetzt?“, will Peter wissen. „In dem Haus wohnt jemand! Und diese Person hat Paul gefesselt und die Nachricht auf seinen Bauch gelegt. Wir müssen etwas tun! Vielleicht passiert bald etwas Schlimmeres.“
„Da hast du recht“, stimmt Heinz zu. „Es könnte ein Krimineller in dem Haus wohnen. Vielleicht **sind** die Bewohner unserer Straße **in Gefahr**.“
Die beiden Männer überlegen sich einen Plan.

in Gefahr sein	nicht in Sicherheit sein
Versteck *n*	Ort, an dem man nicht gefunden wird
getarnt sein	geschützt sein, sodass man nicht erkannt wird

Am nächsten Abend treffen sie sich auf der Straße vor ihren Häusern. Heinz hat einen dunkelgrünen Pullover an und zwei Flaschen Bier in der Hand.
„Moin“, sagt Peter. Er trägt eine dunkle Jacke und einen dunklen Rucksack. „Ich habe das perfekte **Versteck** für uns. Von dort können wir alles sehen“, sagt er dann und geht los. Heinz folgt ihm.
Ein Stück hinter dem alten Haus steht ein Campingbus mit dunklen Fensterscheiben. Peter nimmt einen Schlüssel aus der Tasche und öffnet die Tür.
„Wem gehört der Bus?“, möchte Heinz wissen.
„Er gehört einem Arbeitskollegen. Der fährt jedes Jahr mit dem Bus zum Surfen an die Ostsee. Vom Bus aus können wir alles sehen, aber uns sieht niemand.“
Die beiden Männer setzen sich in den Bus. Peter hat recht: Sie können das ganze Haus beobachten. Und durch die dunklen Scheiben von dem Bus **sind** sie selbst gut **getarnt**.

„Und wenn wir aus dem Bus steigen, kann uns in unserer dunklen Kleidung auch niemand sehen“, sagt Peter.
Die Freunde sitzen an dem kleinen Tisch in dem Bus und trinken das Bier. Sie schauen auf das Haus. Alles sieht ganz normal aus.
„Ich glaube, heute Nacht passiert nichts“, sagt Heinz nach drei Stunden. Er gähnt.

Sie wollen gerade zurück in ihre Häuser gehen, da sehen sie ein Auto. Es fährt langsam die Straße entlang und hält ein paar Meter neben dem Haus. Zwei Personen steigen aus. Sie bleiben neben dem Haus stehen und unterhalten sich. Eine der beiden Personen zeigt auf das Haus.
„Wir sollten doch noch ein bisschen warten“, **schlägt** Peter **vor**, „die beiden wollen sicher zu dem Haus. Ich möchte wissen, was sie dort machen.“

vorschlagen	eine Idee haben und diese anderen sagen
jn./etw. erkennen	merken, dass man jn. oder etw. kennt

Es stimmt: Die zwei Personen nähern sich vorsichtig dem Haus. Sie warten kurz vor der Tür und verschwinden dann im Haus. Das Licht im Erdgeschoss geht an. Heinz und Peter können in das Haus sehen. Sie **erkennen** die zwei Personen aus dem Auto. Diese stehen direkt hinter dem Fenster. Leider drehen sie ihnen den Rücken zu. Deshalb können Peter und Heinz ihre Gesichter nicht erkennen. Dann kommt noch eine dritte Person in den Raum. Die drei unterhalten sich eine Zeit lang.

„Was passiert in dem Haus?“, fragt Peter.
„Ich weiß es nicht. Wollen wir nachsehen?“, schlägt Heinz vor.
„In Ordnung, aber wir müssen vorsichtig sein“, sagt Peter.

schleichen	sich leise und vorsichtig bewegen
Spalt *m*	kleine, schmale Öffnung
⚡ **Bude** *f*	altes Haus, alte Wohnung

Die Nachbarn steigen langsam aus dem Bus und **schleichen** zu dem Haus. Sie stellen sich an die Hauswand, direkt neben das Fenster. Das Fenster ist einen kleinen **Spalt** geöffnet.
„Es ist alles in Ordnung“, hören sie eine Person sagen. Es ist die Stimme von einem Mann.
„Nichts ist in Ordnung!“, schimpft eine andere Männerstimme. „Ich sitze in dieser alten **Bude** und muss warten. Und dann diese Nachbarn. Sie sitzen einfach im Garten herum. Sie beobachten mich. Sie sind überall! Bald wissen sie alles! Besonders diese beiden Männer. Sie wohnen am Anfang der Straße und beobachten das Haus seit Tagen.“
Dann hören sie eine Frauenstimme. Sie lacht. „Du meinst sicher Peter und Heinz“, sagt die Frau, „die sind harmlos. Wir kennen sie schon viele Jahre. Mach (i) dir wegen ihnen keine Sorgen!“
Peter und Heinz schauen sich an.
„Wir müssen jetzt gehen. Aber wir kommen am

> Den Imperativ verwendet man für Befehle, Bitten, Verbote oder Ratschläge: *Geh zum Chef! (du). Geht zum Chef! (ihr). Gehen Sie zum Chef! (Sie).*

Samstag wieder", sagt die erste Männerstimme.

etw. herausfinden	*hier:* die Lösung für etw. finden
Wahrheit *f*	eine Sache, die stimmt / richtig ist; das Gegenteil von Lüge
Straßenlaterne *f*	Lampe/Licht an der Straße
leuchten	Licht abgeben, z. B.: eine Lampe leuchtet

Peter und Heinz schleichen von dem Haus zurück in den Campingbus. Ein Mann und eine Frau kommen aus dem Haus und gehen zu ihrem Auto. Sie steigen ein und fahren los.
„Hast du die Stimme der Frau auch erkannt?", fragt Peter seinen Freund.
„Ich bin mir nicht sicher. War das Gisela Meier?"
„Ja, und der Mann ist Hubert, ihr Ehemann."
„Aber was machen sie hier?", fragt Heinz.
„Ich habe keine Ahnung", sagt Peter, „aber das werden wir bald **herausfinden**. Heute ist Donnerstag. Gisela und Hubert kommen am Samstag wieder. Bis Samstag brauchen wir einen Plan. Danach kennen wir die **Wahrheit**."
Die beiden Männer sitzen noch eine Weile in dem Bus und schauen auf das Haus. Alles ist wieder dunkel und still. Es ist kein Licht mehr zu sehen!
Kurz nach 24:00 Uhr gehen Heinz und Peter zurück zu ihren Häusern. Nur die **Straßenlaternen** der Jollenstraße **leuchten** noch. Die anderen Nachbarn schlafen schon.

Endlich ist Samstag. Heinz und Peter sind aufgeregt. Am späten Nachmittag bereiten sie alles vor. Sie tragen ein

Fernglas, etwas zu essen und zu trinken und einen Fotoapparat in den Campingbus. Dann setzen sie sich wieder an den kleinen Tisch im Bus und warten. Dabei unterhalten sie sich über Gisela und Hubert Meier und über deren plötzliches Verschwinden.

Fernglas *n*	Gerät, mit dem man weit sehen kann
fortfahren	*hier:* weitererzählen
schweigen	nichts sagen
belegt	*hier:* wenn zwischen zwei Brotscheiben Käse oder Wurst liegt

„Ich weiß noch genau, seit wann sie nicht mehr in dem Haus sind", beginnt Heinz und **fährt fort**: „Ich sehe noch, wie sie an diesem Tag im Garten arbeiten. Ich gehe zu ihnen und wir unterhalten uns über die Blumen in ihrem Garten. Hubert möchte mir sein Buch ‚Die schönsten Gärten in Norddeutschland' ausleihen. Ich klingle also am nächsten Tag an ihrer Tür, aber niemand öffnet. Auch in den kommenden Tagen öffnet keiner. Ich mache mir Sorgen und klettere auf die Holzbank unter dem Fenster. Von dort aus kann ich in das Haus sehen. Ein paar[i] Möbel stehen noch im Wohnzimmer, aber alle anderen Sachen sind verschwunden ..."

„Dieses Rätsel lösen wir später. Mich interessiert, wer der andere Mann ist."

Die Freunde sitzen lange Zeit im Bus und **schweigen**. Sie essen die **belegten** Brote und trinken Kaffee, damit sie nicht müde werden.

Nicht verwechseln: *ein paar* bedeutet *einige*: z. B.: *Im Korb liegen ein paar Äpfel.*
Dagegen sind *ein Paar* genau zwei Personen oder Sachen: z. B.: *Im Schrank liegt ein Paar Socken.* Hier schreibt man *Paar* groß.

Übung 5: Wortgitter. Was ist verschwunden? Suchen Sie die fünf Gegenstände im Gitter. Schreiben Sie die Wörter auf die Linien und ergänzen Sie den Artikel!

H	U	J	L	L	O	X	B	F
G	**B**	Ö	L	N	N	R	Ü	U
R	**I**	F	F	T	Z	B	C	O
T	**L**	S	O	F	A	A	H	D
C	**D**	S	D	G	U	S	E	S
R	**E**	G	A	L	W	O	R	R
X	**R**	T	E	P	P	I	C	H

Diese Gegenstände sind aus dem Haus verschwunden:

1. *die Bilder*
2. ______
3. ______
4. ______
5. ______

Es ist fast zehn Uhr abends. Ein Auto fährt langsam die Jollenstraße hinunter. Peter und Heinz **ducken sich**. Das Auto parkt wieder ein paar Meter neben dem Haus und zwei Personen steigen aus. Genauso wie beim letzten Mal. Sie tragen beide einen **Kapuzen**pullover. Die Kapuzen haben sie sich ins Gesicht gezogen. Aber Heinz erkennt eine Person, als sie kurz in die Richtung von dem Campingbus schaut. Es ist Hubert. Er kann sich gut an seinen **auffälligen Schnurrbart** erinnern. Die beiden gehen wieder zu dem Haus. Hubert **kramt** in seiner Tasche und holt etwas heraus. Es ist ein Schlüssel. Er schließt die Tür auf, und sie verschwinden in dem Haus.

sich ducken	sich klein machen
Kapuze *f*	Kopfteil von einer Jacke oder einem Pullover
auffällig	wenn man etw. sofort sieht
Schnurrbart *m*	Bart über der Oberlippe
kramen	mit den Händen suchen
überqueren	auf die andere Seite gehen

„Los, wir müssen hinterher!“, sagt Peter und springt auf.
„Ja, aber langsam. Wir dürfen nicht so auffällig sein. Wir wollen die drei ja überraschen. Nur dann erfahren wir, was sie dort machen.“

Heinz nimmt seinen Fotoapparat und Peter steckt eine Taschenlampe in die Tasche. Sie **überqueren** die Straße. Dabei schauen sie immer auf das Haus und das beleuchtete Fenster im Erdgeschoss. Dieses Mal stellen sie sich nicht neben das beleuchtete Fenster. Sie gehen leise um das Haus herum und kommen in den dunklen Garten.
„Was machen wir hier?“ Heinz wirkt nervös.
„Im Garten ist eine Terrasse. Felix hat mir gesagt, dass man die Tür von der Terrasse einfach öffnen kann. Die Jungs haben das einmal gemacht und sich im Haus versteckt.“
Vorsichtig gehen sie auf die Terrasse und versuchen die

Tür zu öffnen. Es **knackt** und die Tür öffnet sich leise. Vorsichtig gehen Peter und Heinz in das Haus. Sie hören Stimmen aus der Küche.

knacken	kurzes Geräusch machen, z. B. Holz knackt
Neuigkeit *f*	eine neue Information

„Es gibt gute **Neuigkeiten**", sagt Gisela gerade.
„Das wird aber auch mal Zeit. Wann kann ich hier weg?", fragt die Männerstimme.

Übung 6: Nomen. Lesen Sie weiter und ergänzen Sie die Wörter!

Küche Stimme Moment ~~Tagen~~ Zimmer

„Ich denke, in ein paar **1.** *Tagen* sind wir fertig und du kannst zurückkommen." Das war die **2.** ________ von Hubert.

In diesem **3.** ________ treten Peter und Heinz in das **4.** ________ ein.

„Hallo Gisela, hallo Hubert. Schön, euch wiederzusehen. Was ist bald fertig?"

Die drei in der **5.** ________ sind sehr erschrocken, als sie Peter und Heinz sehen.

„Was macht ihr denn hier?“, ruft Gisela. Sie ist ganz **blass**.
„Die Frage ist ja eher, was *ihr* hier macht?“, ruft Heinz.
„Und wer ist dieser Mann?“, fragt Peter. „Er hat Paul gefesselt und eine Notiz auf seinen Bauch gelegt. Die Jungs hatten große Angst!“
Der junge Mann sitzt am Küchentisch und starrt die beiden Nachbarn an. „Das ... das wollte ich nicht“, **stottert** er dann.
„Nun mal ganz ruhig!“, sagt Hubert und zeigt auf die leeren Stühle. „Setzt euch! Wir können euch alles erklären.“
„Da bin ich aber sehr neugierig“, sagt Peter und setzt sich.
Heinz bleibt in der Ecke stehen.
„Warum setzt du dich nicht?“, fragt Gisela.
„Ich möchte nichts über eure kriminellen Geschäfte wissen!“
„Kriminelle Geschäfte? Was denkst du von uns? Heinz, wie viele Jahre kennen wir uns jetzt?“ Gisela sieht etwas verärgert aus.
„Wir kennen uns schon viele Jahre. Aber dann seid ihr einfach verschwunden. Ich habe mir große Sorgen gemacht.“
„Heinz, das tut uns sehr leid. Wir können dir alles erklären. Bitte setz dich!“
Nun setzt sich auch Heinz an den Küchentisch. Gisela holt zwei Gläser aus dem Regal und **schenkt** ihren alten Nachbarn Wasser **ein**.

blass	*hier:* wenig Farbe im Gesicht
stottern	stockend / mit Pausen sprechen; Wörter und Silben wiederholen
einschenken	Flüssigkeit in ein Glas geben

Dann beginnt Hubert zu erzählen: „Also, das ist Tom Sommer. Er arbeitet seit ein paar Jahren für uns. Er ist **Wissenschaftler** wie wir. Ich weiß, wir haben euch erzählt, dass wir für die Stadt Buxtehude arbeiten. Das war eine **Lüge**. Wir forschen seit Jahren an neuen Möglichkeiten, Strom zu erzeugen. Das ist unser Projekt. Wir machen nichts Kriminelles. Wir haben hier die ganze Zeit an unserem Projekt gearbeitet."

Wissenschaftler/ Wissenschaftlerin *m/f*	Forscher/ Forscherin, Akademiker/ Akademikerin
Lüge *f*	eine Sache/ Aussage, die nicht stimmt
Konkurrenz *f*	Unternehmen, das im gleichen Bereich arbeitet; Rivale
stehlen	jm. etw. wegnehmen, ohne vorher zu fragen
etw. schützen	auf etw. aufpassen

„Und warum seid ihr dann so plötzlich verschwunden?", fragt Heinz. Er kann diese Geschichte nicht glauben.

„Ein paar Leute haben uns beobachtet. Sie waren sicher von der **Konkurrenz**. Und sie wollten unsere Ergebnisse **stehlen**. In einer Nacht waren[i] sie sogar in unserem Haus. Dann hatten wir Angst. Deshalb waren wir so plötzlich weg. Wir wollten unser Projekt **schützen**."

Alle sitzen in der Küche. Niemand sagt etwas.

„Ich verstehe immer noch nicht, warum er hier ist", sagt Peter und zeigt auf Tom Sommer.

„Wir sind aus Buxtehude

Die Verben *sein* und *haben* besitzen im Präteritum die folgenden Formen:
ich war – ich hatte / du warst – du hattest / er/sie war – er/sie hatte / wir waren – wir hatten / ihr wart – ihr hattet / sie waren – sie hatten

weggegangen und haben in Kiel an unserem Projekt gearbeitet. Dabei haben wir Tom kennengelernt. Er hat letztes Jahr sein Studium an der Universität Kiel beendet. Er ist ein guter Wissenschaftler. Wir sind ihm sehr dankbar. Er hatte eine wichtige Idee. Nun funktioniert es: Wir können Strom aus **Kuhmist** erzeugen. Diese Technik ist neu, und viele Firmen interessieren sich dafür. Manche wollen unsere Idee stehlen. Wir sind fast fertig und warten auf die **Patentzulassung**. Bis dahin müssen wir unsere Ergebnisse schützen. Deshalb ist Tom in unser altes Haus gekommen. Er hat alle Unterlagen und soll auf sie aufpassen. Niemand denkt, dass die Ergebnisse hier sind."

Kuhmist *m*	das schmutzige Stroh aus dem Kuhstall
Patentzulassung *f*	Bestätigung, dass man der Erfinder von etw. ist
Warnung *f*	Hinweis, dass etw. gefährlich ist

„Und warum hat er Paul gefesselt? Und was sollte die Nachricht auf seinem Bauch?", möchte Peter wissen.
„Es tut mir sehr leid", sagt Tom, „ich wollte niemandem Angst machen. Ich habe die Jungs in der Nacht im Garten gesehen. Ich dachte, dass sie die Ergebnisse stehlen wollen. Da war ich sehr nervös. Die Nachricht war eine **Warnung**."

„Es tut uns wirklich leid", sagt auch Hubert, „wir wollten euch keine Angst machen."
„In ein paar Tagen ist alles vorbei", ergänzt Gisela. „Dann haben wir das Patent und können zurück nach Kiel. Im Moment fahren wir jeden zweiten Tag nach Buxtehude.

Wir bringen Tom Lebensmittel. Bitte **behaltet das Geheimnis für euch**! Die Patentzulassung ist sehr wichtig für uns."
Sie schaut Heinz und Peter ernst an. Sie weiß, dass die Nachbarn in der Jollenstraße sehr gern tratschen.

ein Geheimnis für sich behalten	etw. nicht verraten
Forschung *f*	Wissenschaft
alternative Energien *pl*	Energie, die nicht durch Kohle, Erdöl, Erdgas oder Uran erzeugt wird
finden	*hier:* der Meinung sein; meinen

„Natürlich sagen wir nichts!" Peter und Heinz schauen sich an und nicken. „Wir sind froh! Jetzt ist alles geklärt und keiner ist in Gefahr."

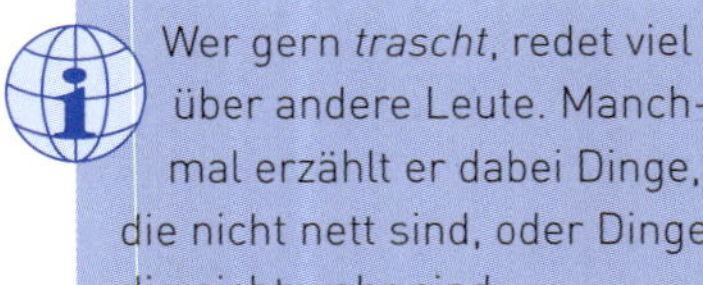

Die fünf Personen sitzen noch lange Zeit zusammen. Gisela und Hubert erzählen von ihrer **Forschung** und den Ergebnissen. Sie erklären auch, warum sie niemandem davon erzählen konnten.
„Das Thema **alternative Energien** ist einfach zu wichtig. Politik, Wissenschaft und Wirtschaft interessieren sich dafür. Wir mussten vorsichtig sein."
„Unsere Bauern werden sich sehr freuen, wenn ihr das Patent bekommt", sagt Peter.
„Das stimmt", **findet** auch Gisela, „unsere Ergebnisse werden besonders hier in Niedersachsen viele Menschen inte-

In dem Bundesland *Niedersachsen* gibt es sehr viel Landwirtschaft, vor allem Bauernhöfe mit Kühen und Schweinen.

ressieren. ℹ Und genau diesen Menschen wollen wir schon immer helfen. Nicht den großen Firmen."

Übung 7: Verben. Ergänzen Sie die korrekte Verbform!

1. Er ___*geht*___ jeden Morgen zur Arbeit. gehen
2. Du __________ die Nachrichten in der Zeitung. lesen
3. Ich __________ heute nicht zu dir kommen. können
4. Wir __________ über die Forschungsergebnisse. sprechen
5. Ihr __________ am Morgen sehr müde. sein
6. Du __________ große Angst. haben

Und dann erzählen alle, wie es ihnen geht. Es ist fast wie früher. Kurz nach Mitternacht gehen Peter und Heinz die Jollenstraße entlang. **Mit** diesem Ergebnis **haben** sie nicht **gerechnet.**

mit etw. rechnen	auf etw. vorbereitet sein; wissen, dass etw. passiert

Zwei Wochen später sitzen sie wieder alle im Haus von Gisela und Hubert Meier am Küchentisch. Auch Tom Sommer ist dabei. Sie haben das Patent bekommen.
„Wir freuen uns sehr, dass wir euch alle wiedersehen. Wir haben die Bewohner der Jollenstraße sehr vermisst", sagt Gisela und hebt ihr Glas. Sie sieht sehr glücklich aus. „Auf euch! Die besten Nachbarn der Welt!"

„Und die neugierigsten Nachbarn der Welt", ergänzt Tom Sommer und lacht.
„Ja, da hast du recht", stimmt Gisela zu.
„Jetzt müsst ihr euch nicht mehr verstecken. Wir könnten eine Feier mit allen Nachbarn machen. Ich bin mir sicher, dass sich alle freuen werden", schlägt Heinz vor.
„Und ich habe endlich keine Geheimnisse mehr vor meiner Familie", ergänzt Peter.
„Das ist eine gute Idee. Wir freuen uns!", sagt Gisela.

mild	*hier:* nicht zu warm und nicht zu kalt
Erinnerung *f*	Dinge aus der Vergangenheit, die man nicht vergessen kann

Ein paar Tage später ist es so weit. Die Jollenstraße ist geschmückt und alle Nachbarn haben etwas mitgebracht.
„Es ist wirklich schön hier", sagt Hubert und schaut zu seinem alten Haus.
„Warum kommt ihr nicht zurück?", fragt Heinz.
Gisela und Hubert sehen sich an.
„Das stimmt. Wir waren hier immer sehr glücklich. Hubert, was denkst du?"
„Ja, wir sollten zurückkommen, Gisela", antwortet Hubert.
„Wir freuen uns, wenn ihr in die Jollenstraße zurückkommt!", sagt Peter und hebt sein Glas.
Bis spät in die Nacht sitzen die Bewohner der Jollenstraße zusammen. Sie genießen das leckere Essen und die **milde** Sommernacht. Sie sprechen über alte **Erinnerungen** und lachen über lustige Geschichten von früher.

Blumen für die Stadt

Arwen Dammann

Inhalt

Sercem ist neu in Berlin. Die Stadt gefällt ihm nicht. Es ist Februar. Das Wetter ist nicht gut. Sercem ist allein. Er geht manchmal nachts spazieren. In einer Nacht trifft er Frieda. Aber was macht sie da?

Personen

Sercem ist 23 Jahre alt. Er kommt aus Fürth. Das ist eine Kleinstadt im Bundesland Bayern. Jetzt studiert er in Berlin. Er möchte, dass die Welt bunt und abenteuerlich ist. Er mag keine grauen Städte.
Über **Frieda** wissen wir nicht viel. Aber wir können sie ein bisschen kennenlernen.

Ort

Berlin ist die Hauptstadt von Deutschland. Fast vier Millionen Menschen leben hier. Die Stadtviertel sind sehr unterschiedlich: Manche sind hässlich, manche sind schön. Manche sind arm, manche sind reich. Ein Problem gibt es überall in Berlin: zu wenig Wohnungen.

Sercem hört den Regen am Fenster, schwer und laut. Er sitzt in seinem Zimmer, schon seit drei Tagen. Was für eine **langweilige** Stadt. Und schön ist sie auch nicht. Warum mögen alle Leute Berlin so gern?

Im Februar ist alles grau. Es ist elf Uhr abends. Sercem ist wach. In Berlin kann er nicht schlafen. Dann wird der Regen langsam weniger. Sercem zieht seine Regenjacke und die **Stiefel** an. Gegen den Wind nimmt er einen **Schal** mit. Vielleicht kann er nach einem Spaziergang schlafen.

langweilig	nicht interessant
Stiefel *m*	ein großer, schwerer Schuh
Schal *m*	ein Kleidungsstück für den Hals
dunkel	nicht hell, ohne Licht
Kapuze *f*	Kopfteil von einer Jacke oder einem Pullover

Draußen ist es kalt und **dunkel**. Auf den Straßen steht das Wasser. Aber es regnet nicht mehr. Sercem zieht seine **Kapuze** über den Kopf und geht los. Regenschirme mag er nicht. Davon werden die Hände so kalt. Er sieht nur hohe, graue Häuser und breite Straßen. Der Wind ist kalt. Aber Gehen ist gut. Sercem geht schneller. Nachts sind die Städte anders. Man hat sie für sich. Man kann sie sich genau ansehen. Man ist kein Tourist – jedenfalls nicht im Februar in Neukölln[i]. Dann wird der Regen wieder stärker. Sercem sieht ein Haus

i Neukölln ist ein Viertel von Berlin, südlich von Berlin-Mitte und Kreuzberg. Im Süden von Neukölln gibt es viele Hochhäuser. Im Norden gibt es auch alte Häuser. Hierhin kommen auch Touristen.

mit einer großen Eingangstür. Dort kann er **trocken** stehen. Er stellt sich an das Haus und sieht dem Regen zu: Wasser und immer mehr Wasser. Ihm wird ein bisschen kalt.

Übung 1: Nomen: bei schlechtem Wetter. Was passt? Ergänzen Sie!

der Regenschirm | die Kapuze | ~~der Stiefel~~ | der Schal | die Regenjacke

1. schwerer, hoher Schuh: *der Stiefel*

2. Durch diese Jacke kommt kein Wasser:

____

3. Das zieht man über den Kopf:

____

4. Er schützt bei Regen. Man kann ihn tragen:

____

5. Dieses Kleidungsstück legt man um den Hals:

____

Platsch-platsch-platsch: Füße im Regen. Sie kommen näher. Sercem sieht hoch. Schnelle **Schritte**, aber sie rennt nicht. Dann steht sie neben ihm.

„Hallo“, sagt sie einfach.

„Hallo“, sagt Sercem.

Sie stehen zusammen da und sehen in den Regen. Sie sprechen nicht weiter. Aber es ist nicht **komisch**. Es **fühlt sich** ganz normal **an**, so **nah**. Eine lange Zeit stehen sie so.

„Es wird weniger“, sagt sie dann. „Wir können weiter.“

Sie gehen zusammen los, wie alte Freunde.

„Wie war dein Tag?“, fragt er.

trocken	nicht nass, ohne Wasser
Schritt *m*	die Bewegung vom Bein beim Gehen
komisch	*hier:* nicht normal
sich anfühlen	jm. ein Gefühl geben
nah	nicht weit weg
Hochhaus *n*	ein Haus mit vielen Stockwerken
schmutzig	nicht sauber

„Schön“, sagt sie. „Ich mag den Regen. Und du?“

„Nicht so sehr“, sagt Sercem. „Das heißt: Zu Hause mag ich den Regen auch. Aber hier? Die Stadt ist schon grau, wenn die Sonne scheint. Berlin und Regen zusammen – das ist zu viel.“

Sie lacht. „Wohnst du hier in Neukölln?“

„Ja, da hinten in einem von diesen **Hochhäusern**. Ich habe keine andere Wohnung gefunden. Ich habe ein halbes Jahr gesucht.“

„Ich kenne Leute, die haben ein ganzes Jahr gesucht. Und dann sind sie nach Frankfurt an der Oder gezogen. Das ist 100 Kilometer entfernt! Man findet in Berlin einfach keine Wohnung. Es gibt zu wenige.“

Sie gehen an einem kleinen Park vorbei. Er ist **schmutzig**, man sieht Grau mit ein bisschen Grün, Müll liegt dort. Sie

greift mit der Hand in ihre Tasche und **wirft** etwas dazu.
„Weißt du, ich will gar nicht in Berlin wohnen. Ich wollte nach Rostock oder Kiel, ans Meer. Oder nach Bonn oder Köln. Da scheint die Sonne, da ist der Rhein, die Leute sind lustig“, sagt Sercem.

greifen	mit der Hand nehmen
werfen	mit der Hand in die Luft bringen
Unfall *m*	Ereignis, bei dem sich jd. verletzt oder etw. kaputtgeht
hinfallen	auf den Boden fallen (eine Person)
Rucksack *m*	Tasche, die man auf dem Rücken trägt

„Hier sind die Leute auch lustig“, antwortet sie. „Du musst sie nur besser kennenlernen. Dann verstehst du sie besser und kannst auch mitlachen.“

Sercem sagt nichts. Er erinnert sich an eine komische Geschichte vor drei Tagen. Er sieht es noch immer vor sich, wie einen Film: Zwei junge Männer auf Fahrrädern haben einen **Unfall**. Sie stoßen mit den Fahrrädern zusammen und **fallen** beide **hin**. Sercem denkt, sie sind verletzt. Dann stehen sie beide auf und sehen sich einmal kurz an. Sie nehmen ihre Fahrräder, fahren weiter, einer nach links, der andere nach rechts. Ohne ein Wort! Sie haben nicht gesprochen! Meint sie das mit „Humor“? Oder ist das hier einfach normal?

Sercems Gedanken kommen zu der Frau zurück. Sie trägt eine dunkle Jacke mit Kapuze und einen **Rucksack**. „Wahrscheinlich mag sie auch keine Regenschirme“, denkt Sercem.

Wieder nimmt sie etwas aus ihrer Tasche. Sie **lässt** es **fallen**. Es bleibt im Gras liegen.
„Wie alt sie wohl ist?" Sercem weiß es nicht. Vielleicht ein bisschen älter als er. Bestimmt ist sie in Berlin geboren. Sercem möchte nicht fragen: „Woher kommst du?" oder „Was machst du in Berlin?" Das macht das Gefühl kaputt, dass sie alte Freunde sind. Das Gefühl möchte Sercem **behalten**. Aber ihren Namen möchte er wissen.

etw. fallen lassen	etw. nicht festhalten, sodass es auf den Boden fällt
etw. behalten	etw. nicht verlieren

Übung 2: Trennbare Verben. Ergänzen Sie die Verben in der richtigen Form!

1. Der Mann *fällt* auf der Straße *hin*. hinfallen
2. Sercem ____________ spät ____________. aufstehen
3. Die Frau ____________ Sercem von der Seite ____________. ansehen
4. Auf den Straßen ____________ viel Müll ____________. herumliegen
5. Zwei Männer ____________ mit ihren Fahrrädern ____________. zusammenstoßen

„Wie heißt du eigentlich?", fragt Sercem.
„Frieda", sagt sie. „Und du?"

„Ich bin Sercem."
„Bist du neu in der Stadt?"
„Ich wohne seit drei Wochen hier. Wahrscheinlich hast du recht: Ich brauche noch ein bisschen Zeit. Ich werde die Stadt schon noch verstehen."

Fläche *f*	*hier:* ein Stück Boden
schneiden	mit einem Messer oder einer Schere kurz machen
ϟ toll	gut, super
grinsen	breit lächeln

„Du magst sie nicht?", fragt Frieda.
„Bis jetzt nicht besonders", antwortet Sercem.
„Das kann ich verstehen. Ich mag sie auch nicht besonders. So, wie sie ist." Frieda greift wieder in ihre Tasche und holt etwas heraus.
Dieses Mal wirft sie es weiter. Auf eine große, grüne **Fläche**. Dort wächst Gras. Es **ist** sehr kurz **geschnitten**. Sogar bei diesem Wetter sieht es ordentlich aus. Ordentlich und tot.
„Was? Ich dachte, alle Leute finden Berlin **toll**, nur ich nicht!" Sercem ist froh, er fühlt sich weniger allein.
„Wer findet Berlin denn toll? Ich meine, von den Leuten, die hier wohnen?", fragt Frieda.
Sercem denkt kurz nach. Dann muss er ein bisschen lachen.
„Es stimmt: Ich habe oft gehört, dass Berlin ganz toll ist. Aber das sagen immer Leute, die nicht hier wohnen."
„Sie waren mal ein Wochenende lang hier oder eine Woche im Sommer", sagt Frieda.
„Ja, woher weißt du das?"
Frieda **grinst**. „Nach drei Wochen im Februar geht es allen wie dir. Sie wollen wieder nach Hause."

„Nach Hause will ich auch nicht." Sercem ärgert sich ein bisschen. Frieda soll nicht denken, dass er **Heimweh** hat. „Aber ich hatte ein anderes Bild vom **Studentenleben**. Ich dachte: Ich wohne in einer großen WG[i]. Wir sind alle Freundinnen und Freunde. Die Sonne scheint immer und wir machen zusammen Musik. Wir haben einen Balkon oder einen Garten. Da **wachsen** Blumen und Tomaten. Wir gehen zusammen auf Partys und Konzerte. Nur im Winter ist es ein bisschen kalt, aber dann feiern wir Weihnachten zusammen."

Heimweh *n*	ein trauriges Gefühl, dass man nach Hause möchte
Studentenleben *n*	das Leben, während man an der Universität studiert
wachsen	größer werden

„Und so ist es nicht?"

„Nein. Ich habe zwei Mitbewohner und ich mag beide nicht. Der eine spricht nicht. Der andere spricht die ganze Zeit, aber nur über sich und seine Arbeit. Zum Glück stehen sie beide früh auf und gehen früh ins Bett."

„Und du stehst spät auf und gehst spät ins Bett?"

„Ja, genau."

„Ich auch", sagt Frieda und wirft etwas aus ihrer Tasche weit auf einen Sportplatz. „Nachts hat man die Stadt für sich."

Sercem denkt an seine beiden Mitbewohner. Der eine – heißt er Florian oder Tobias? – hat ihm die Wohnung

> In einer WG (= Wohngemeinschaft) wohnen Leute zusammen in einer Wohnung oder in einem Haus. Jeder hat sein eigenes Zimmer und sie teilen sich eine Küche und das Bad. Sie sind Mitbewohnerinnen und Mitbewohner.

gezeigt. Das war vor etwa einem Monat. Ein kleines Zimmer, im Flur ein **Haken** an der Wand und ein Platz für die Schuhe. Im Badezimmer Platz für ein Handtuch.

Übung 3: Richtig oder falsch? Warum ist Sercem nicht glücklich? Kreuzen Sie die richtigen Sätze an!

1. Er dachte, dass Berlin schön ist. Aber jetzt sieht er: Das stimmt nicht. ☒
2. Er wollte in einer anderen Stadt studieren. ☐
3. Die Parks sind ihm zu sauber. ☐
4. Die Leute in seiner WG machen zu viele Partys. ☐
5. Das Wetter ist schlecht. ☐

„Gut", hat Sercem gedacht, „dann sitzen wir vielleicht viel zusammen in der Küche und kochen zusammen. Und Tobias oder Florian spricht bestimmt mehr, wenn wir uns besser kennen."

Aber sie sitzen nie zusammen in der Küche. Drei Personen – drei Zimmer. Die Küche ist nur zum Kochen da. Und es kocht immer nur einer nach dem anderen. Nie kochen sie zusammen. Es gibt auch einen Balkon. Aber da steht ein Grill. Der Grill ist fast so groß wie der Balkon. Dort kann man auch nicht sitzen. Unten ist die Straße. Es riecht auch nach Straße, wenn man die Balkontür aufmacht. Die Balkontür ist immer geschlossen.

„Kannst du gut werfen?", fragt Frieda. Sie gibt ihm ein **Ding** aus ihrer Tasche. „Da, über den **Zaun** bitte!" Er wirft das Ding über den Zaun.

Haken *m*	*hier:* etw. an der Wand, wo man seine Jacke aufhängen kann
Ding *n*	Sache
Zaun *m*	Vorrichtung aus Holz oder Metall, die z. B. um einen Garten herumgeht
winken	mit der Hand „Hallo" sagen
sich umdrehen	eine Bewegung in eine andere Richtung machen
mit aller Kraft	so stark, wie man kann

Im Haus kennt er noch keine Nachbarn. Einmal **hat** er einer Frau auf einem Balkon **gewunken**. Aber sie **hat sich umgedreht** und ist schnell wieder in ihre Wohnung gegangen. Was hat sie gedacht? Sie war 20 Jahre älter als er. Er wollte nur nett sein.

„Hier, das bitte auch noch über den Zaun werfen!"
Der Zaun ist hoch. Sercem wirft **mit aller Kraft**. Das Ding fliegt hoch und weit. Ein gutes Gefühl.
„Weißt du, ich mag Theater, Filme, Museen. Ich habe gedacht, das gibt es alles in Berlin. Die Berlinale[i], Kinos und Filme. Kleine Theater, große Theater. Tolle Museen."
„Das gibt es auch", sagt Frieda. „Es ist nur alles ziemlich teuer. Oder du brauchst jemanden, der dir kleine Theater und Ausstellungen zeigt oder dich mitnimmt. Die kleinen Sachen findet man nicht so leicht allein."

Die Berlinale ist ein großes Filmfestival. Es heißt eigentlich „Internationale Filmfestspiele Berlin" und findet jedes Jahr im Februar statt.

„Ich kenne hier noch niemanden, nur meine Mitbewohner. Und Kino und Theater, das ist wirklich teuer. Nächste Woche ist Berlinale. Ich dachte: So viele Filme, ich gehe tagelang nur ins Kino. Aber mein Geld **reicht** vielleicht für einen oder zwei Filme. Das ist doch kein Festivalgefühl!"
Sercem denkt an sein Lieblingsmuseum, das Pergamonmuseum. Es ist geschlossen, für viele Jahre. Er denkt an das berühmte Ägyptische Museum. Ein Ticket ist so teuer wie eine Kinokarte für die Berlinale.

Übung 4: Perfekt. Ergänzen Sie die Verben im Perfekt!

1. sie geht → *sie ist gegangen*

2. er winkt → er hat ____________

3. er dreht sich um → ____________

4. sie denkt → ____________

5. er zeigt → ____________

„Hier sind die Häuser aber schöner", sagt Sercem. „Sind wir noch in Neukölln?"
„Ja, das ist die gute Seite von Neukölln, näher an Kreuzberg", erklärt Frieda.
„Warum habe ich hier kein Zimmer gefunden?"
Frieda lächelt. Sie geht zu einer Tür und liest die **Klingelschilder**. „Das kannst du hier sehen. Komm mal her!"
Sercem stellt sich neben sie. Auf den Klingelschildern steht: „**Dr.**", „**Prof.**", „Prof. Dr.".

„Die gute Seite von Neukölln ist teuer“, sagt Frieda. „Und: Die Touristen kommen bis hierher. Wo du wohnst, sind keine Touristen, oder?“

„Nein“, sagt er. Und denkt dabei: „Warum sollen die auch dorthin kommen?“

reichen	genug sein
Klingelschild *n*	Schild mit dem Namen an der Tür
Dr. *m/f*	*kurz für:* Doktor/Doktorin
Prof. *m/f*	*kurz für:* Professor/Professorin
Friseur/Friseurin *m/f*	jd., der Haare schneidet
Sonnenstudio *n*	ein Laden, in dem man seine Haut dunkler machen kann
Grenzübergang *m*	der Ort, wo man über eine Grenze gehen kann
entlang	so, dass man einem Weg oder einer Straße folgt; geradeaus
Grenze *f*	eine Linie zwischen hier und dort

Sie gehen weiter an schönen, alten Häusern vorbei. Sie kommen in eine große Straße. Rechts und links stehen große Bäume. In der Mitte wachsen Pflanzen. Sie sehen einen **Friseur**salon, eine Bäckerei, ein **Sonnenstudio**. Daneben ist noch ein Sonnenstudio. Sie sehen ein Bettengeschäft, ein Tiergeschäft, einen kleinen Bücherladen, einen Laden für Shishas und wieder einen Friseur. Alles hat geschlossen, natürlich, um diese Uhrzeit.

Auf einem Straßenschild steht: „Sonnenallee“.

> Bis 1989 ging die deutsch-deutsche Grenze direkt durch Berlin. Am Ende von der Sonnenallee war ein Checkpoint. Dort konnten manche Leute von Westberlin nach Ostberlin gehen.

„Dort war früher ein **Grenzübergang** (i)“, sagt Frieda und zeigt die Straße **entlang**. „Neukölln war früher Westberlin. Die **Grenze** zwischen Ost- und

Westberlin war dort der Fluss." Sie zeigt in eine andere Richtung. „Und dort", sie zeigt wieder in dieselbe Richtung, „dort geht es nach Osten weiter. Wenn man diese Straße entlanggeht, kommt man zu dem alten Grenzübergang. Aber wir gehen da entlang."

Sie gehen von der Sonnenallee nach rechts, in Richtung Fluss. Der Regen fängt wieder an, ganz fein jetzt. Man hört ihn nicht. Frieda lässt wieder etwas aus ihrer Tasche fallen.

Übung 5: Nomen. Lesen Sie weiter und ergänzen Sie die Wörter!

Kreuzung ~~Brücke~~ Fluss Seite Weg Brücke

Unter ihnen ist Wasser, sie gehen über eine **1.** _Brücke_.

„Was für ein **2.** ______________ ist das hier?", fragt Sercem.

„Das ist ein **Kanal**", sagt Frieda. „Ich weiß nicht, wie er heißt."

Sie folgen einem kleinen **3.** ______________ direkt am Wasser. Dann geht es wieder über eine kleine **4.** ______________ übers Wasser.

„Aber den hier, den kenne ich", sagt Frieda. „Das ist der Landwehrkanal."

Nach einer kurzen Zeit kommen sie an eine große

5. ______________ und gehen nach links, dann nach rechts. Dann stehen sie wieder am Wasser.
„Das hier ist der Fluss", sagt Frieda, „die Spree. Auf der anderen **6.** ______________ ist die East Side Gallery[i]."

„So weit sind wir schon gegangen?" Sercem ist **überrascht**.
„Ja, wir sind schon lange unterwegs", sagt Frieda.
Sie gehen über die Brücke und dann am Fluss nach links. Sercem mag die East Side Gallery. Ihm gefallen die Bilder. Er ist gern am Fluss. Und er hat hier ein Gefühl von **Geschichte**. Aber eigentlich ist die ganze Stadt voll mit Geschichte. Mit Frieda zusammen fühlt er das ganz deutlich, viel deutlicher als allein.

Kanal *m*	eine Wasserstraße, von Menschen gebaut
überrascht	wenn etw. unerwartet für einen ist; erstaunt
Geschichte *f*	*hier:* das, was früher passiert ist
ziehen	nehmen und in eine Richtung bewegen
Gesicht *n*	Augen, Nase, Mund usw.

„**Zieh** mal bitte deine Kapuze richtig über deinen Kopf. Und dann mach den Schal drum. Ja, sehr gut. So kann man dein **Gesicht** nicht sehen", sagt Frieda und zieht ihre Kapuze und ihren Schal tief ins Gesicht.

Die East Side Gallery ist ein Stück von der Berliner Mauer. Heute sind dort Bilder von Künstlerinnen und Künstlern zu sehen.

Bei einem Souvenir-Shop gehen sie vom Fluss weg über eine große Straße.
„Hier kommen gleich Kameras", sagt Frieda.
Frieda und Sercem gehen zwischen zwei Häusern durch. Sie kommen auf einen Platz mit Licht, Farben und **Werbung** überall – für Kreditkarten, Autos, Kinofilme, Schuhe. Sercem sieht auf einen großen **Bildschirm**. Es gibt sechs große Bildschirme. Alle zeigen dieselbe Werbung. An den Häusern sind noch mehr Bildschirme. Dort läuft andere Werbung. Sercem sieht sich den Platz an: Restaurants für Pizza und Pasta, Bars für Konzerte, eine Bank – oder ist es nur eine Werbung für eine Bank? –, Läden für indisches Essen, für chinesisches Essen, eine Cocktailbar ... Aber alles hat geschlossen. Auf dem Platz ist kein Mensch. Hier steht keine Bank, man kann nicht sitzen. Vor den Restaurants stehen Tische. Die Stühle stehen umgedreht auf den Tischen. Hier kann man nur sitzen, wenn man tagsüber in einem Restaurant essen geht.

Werbung *f*	Filme oder Fotos von Produkten
Bildschirm *m*	der Teil von z. B. einem Computer, der das Bild zeigt
Boden *m*	die Erde; der untere Teil von einem Raum
gießen	eine Flüssigkeit laufen lassen

Auch der **Boden** ist geschlossen: kein Grün, nur Grau. Sercem gefällt es hier nicht. Frieda nimmt ihren Rucksack vom Rücken. Sie gibt Sercem eine Flasche. Sie öffnet ihre Flasche und **gießt** etwas auf den Boden. Sercem öffnet seine Flasche auch. Es riecht ein bisschen nach Joghurt.
„Nicht in die Mitte, schön in die Ecken!", sagt Frieda.

Sie gießen die **Flüssigkeit** dorthin, wo **Wände** und Boden zusammentreffen. Einige Minuten arbeiten sie so – still, Seite an Seite. Die Flaschen sind leer, aber Frieda hat noch zwei weitere. Sie machen weiter. Dann sind auch diese Flaschen leer. Frieda sieht zufrieden aus.

Flüssigkeit *f*	etw., das wie Wasser ist (nicht fest)
Wand *f*	die Seite von einem Raum; eine Mauer
in etw. stecken	in etw. tun (legen, stellen)

„Gut, wir sind fertig. Lass deine Kapuze noch auf!“, sagt sie. Die Flaschen **steckt** sie wieder **in** ihren Rucksack.

Übung 6: Was ist richtig? Kreuzen Sie an!

1. Sercem findet den Platz sehr schön. ❐
2. Auf dem Platz sind keine Menschen. ❐
3. Frieda hat nur eine Flasche in ihrem Rucksack. ❐
4. Sie gießen die Flüssigkeit auf die East Side Gallery. ❐
5. Sie wollen nicht, dass die Kameras ihre Gesichter aufnehmen. ❐

Sie gehen den Weg zurück, den sie gekommen sind: an der East Side Gallery entlang und dann über die Brücke nach Südwesten. An der U-Bahn-Station „Schlesisches Tor“ nimmt Sercem den Schal von seinem Gesicht. Was haben sie da gerade gemacht? Er sieht Frieda an.

„Das war Moos -Milch“, sagt sie. „Man nimmt Moos, Milch oder Joghurt und Bier. Das Moos lebt in der Flüssigkeit weiter. Du kannst sie auf den Boden oder an eine Wand gießen. Und später wächst dort Moos.“

„Verstehe“, sagt Sercem. „**Egal** wo? Man kann es einfach überall hingießen?“

„Es muss **nass** sein, über Tage oder Wochen. Ohne Wasser geht es kaputt. Manche Leute machen so Moos-Graffiti. Sie schreiben oder malen etwas mit der Moos-Milch. Die Idee ist: Einige Wochen später ist dann ein Wort an der Wand, aus Moos. Oder ein Bild aus Moos. Ich mache damit lieber große Flächen.“

egal	nicht wichtig
nass	nicht trocken; mit Wasser
Beton *m*	ein hartes, graues Material
Samen *m*	Korn von Pflanzen, aus dem eine neue Pflanze kommt
Bombe *f*	*hier:* etw., das man wirft und das explodiert

„Warum gerade Moos?“, fragt Sercem.

„Auf dem Platz ist keine Erde. Andere Pflanzen können da nicht wachsen. Moos kann auch auf Stein oder **Beton** wachsen. Natürlich kommen hier Leute und machen den Platz sauber. Sie machen auch das Moos wieder weg. Aber es geht um die Idee.“

„Und was sind die Dinger in deiner Tasche?“

„Das sind **Samenbomben**: trockene Erde und Samen von Pflanzen. Du wirfst sie oder du lässt sie einfach fallen.

> i Moos ist eine Pflanze. Moos braucht Wasser und Schatten. In der Sonne kann es nicht leben. Moos ist weich und wächst über große Flächen. Es wird nicht hoch.

Und bei Regen werden sie nass. Dann wachsen aus den Samen bald Pflanzen – spätestens im März."
„Hast du noch welche?"
Frieda gibt Sercem eine Samenbombe. Es ist einfach trockene Erde. Die Samen sieht oder fühlt man kaum.

ϟ **hip**	modern und elegant
den Kopf schütteln	mit dem Kopf Nein sagen
loslassen	nicht mehr fest-halten, die Hand öffnen

„Machst du die selbst?"
„Ja, das ist ganz einfach. Man kann sie aber auch kaufen. Es gibt so einen Laden in Kreuzberg, ganz **hip**, die machen Werbung für Samenbomben. Kannst du das glauben? Werbung für Samenbomben? Das macht die ganze Idee kaputt."
Sie **schüttelt den Kopf**.

Übung 7: Präpositionen. Lesen Sie weiter und ergänzen Sie!

~~Auf~~ entlang Hinter in zu

1. *Auf* der anderen Seite ist ein Sportplatz. Sercem fühlt die Samenbombe **2.** ________ seiner Hand. Aber Frieda hält seine Hand fest.

„Jetzt nicht!", sagt sie.

Sie **lässt** seine Hand nicht **los**. Sie sieht ihn an. **3.** ________ ihr fährt ein Polizeiauto die Straße **4.** ________.

Langsam. Oder denkt er das nur?

„Nicht so hinsehen!“, sagt Frieda.

Sercem sieht von dem Polizeiauto weg und **5.** ______________

Frieda.

Das Auto fährt weiter. Frieda lässt seine Hand los.
„Heute Nacht wollen wir keinen Ärger“, sagt sie.
Sercem sieht sich selbst und Frieda durch die Augen der Polizei: schwarze Kapuzenjacken, schwarze Stiefel, einen Rucksack. Gut, dass das Auto weitergefahren ist. Die leeren Flaschen sind noch in Friedas Rucksack.
„Eine Sache können wir heute noch machen“, sagt Frieda. „Ich habe **Dünger** dabei: Flüssigdünger.“

Dünger *m*	Nahrung für Pflanzen
dicht	ohne Lücken; so, dass alles nah zusammen ist

„Verstehe“, sagt Sercem. „Du kannst mit dem Dünger etwas ins Gras schreiben oder malen, oder? Und dort wächst das Gras dann stark und **dicht**. So kann man das Wort oder das Bild später sehen, richtig?“
„Ja, genau. So kann man schöne Graffitis machen. Sie bleiben für lange Zeit im Gras.“

Sie kommen in einen Park. Es gibt große Bäume und viele Pflanzen neben den Wegen. In der Mitte ist nur Gras.
„Im Sommer wächst hier nur ganz wenig Gras. Es wird erst

gelb, dann ist nur noch Sand und Erde da. Es ist zu heiß und zu trocken. Und das Gras ist zu kurz" [i], erklärt Frieda. Dann fragt sie: „Was willst du malen oder schreiben? Weißt du das schon?"

zischen	etw. leise, aber scharf sagen
flüstern	etw. leise sagen

„Ja", sagt Sercem. „Aber ich sage es nicht. Das kann man dann später sehen."

Frieda lacht. „Dann erzähle ich dir meins auch nicht", sagt sie.

Im Park ist es dunkel. Nur an den Wegen sind Straßenlampen. Frieda nimmt ihren Rucksack vom Rücken.

„Ich habe leider nur eine Flasche", sagt sie. „Möchtest du zuerst?"

„Danke!" Sercem nimmt die Flasche. In seiner Stadt hat er früher Graffitis gemacht. Er weiß, wie man ein Bild plant. Er öffnet die Flasche und fängt an zu malen.

„Schnell, Flasche zu!", **zischt** Frieda. „Und da entlang!" Sie zeigt auf einen kleinen, dunklen Weg. „Nicht rennen, gehen! Aber schnell!"

Sercem sieht zwischen den Bäumen die Lichter von einem Auto. Wer fährt mit einem Auto in den Park? Nur die Polizei natürlich. Schnell schließt er die Flasche und geht zu dem dunklen Weg.

„Haben sie uns gesehen?", **flüstert** er.

i Durch den Klimawandel haben viele Städte dieses Problem: Früher waren die Parks grün. Jetzt ist es im Sommer zu heiß. Das Gras geht kaputt. Viele Städte planen deshalb anders als früher. Sie lassen das Gras länger wachsen. Oder sie gießen es mit Wasser.

Frieda **zuckt mit den Schultern**. „Ich weiß es nicht“, flüstert sie.
Die beiden gehen tiefer in eine dunkle Ecke. Das Auto kommt näher. Jetzt können sie es hören.
„Was kann uns passieren?“, fragt Sercem.
„Na ja, mit den Flaschen für die Moos-Milch … und dem Dünger … und den Samenbomben …“

mit den Schultern zucken	die Schultern hochheben und „Das weiß ich nicht“ damit sagen
Busch *m*	kleiner Baum
sich hocken	sich fast setzen, aber mit den Füßen auf dem Boden
Falle *f*	ein Ort, an dem man gefangen ist und nicht weglaufen kann
Atem *m*	die Luft, die man in den Körper zieht und wieder ausstößt

Sercem zeigt auf einen großen **Busch**. „Hinter den Busch!“, sagt er.
Aber Frieda geht einfach in den Busch hinein. „Hier ist Platz! Komm!“, flüstert sie.
Sercem **hockt sich** neben sie. Hat die Polizei sie gesehen? Dann sitzen sie jetzt in einer **Falle**. Wenn nicht, sind sie sicher. Sie hören, dass das Auto hält. Autotüren schlagen. Sie sind ganz still. Sercem hört sein Herz und Friedas **Atem**. Warum atmet sie so laut?
Wieder Autotüren. Der Motor. Dann wird das Geräusch leiser.
„Sie sind weg“, sagt Sercem.
„Einen Moment noch“, sagt Frieda.
Sie warten noch einen Moment, dann gehen sie aus dem Busch hinaus. Alles ist ruhig und dunkel.
„Oh nein!“, ruft Sercem.
„Was ist los?“, fragt Frieda.

„Mein Bild! Jetzt weiß ich nicht mehr, wo es ist. Ich muss es noch einmal machen."
„Wirklich jetzt? Wollen wir nicht lieber gehen?"
„Nein, es ist so eine gute Idee! Ich mache ganz schnell!" Die Flasche hat Sercem noch in der Hand.
Frieda bleibt unter einem Baum stehen. „Dann mach!", sagt sie.
Sercem arbeitet schnell, aber genau. Er hat das Bild im Kopf. **Endlich** ist er fertig.
„So, jetzt gehen wir aber", sagt Frieda. „Es ist nämlich so: Letzte Woche habe ich mit einer Freundin eine **Aktion** gemacht."
„Ja?"
„Das war auf einem Platz im Zentrum. Da liegen **Platten**. Nur Platten, kein bisschen Erde! Da lebt nichts! Na ja, wir nehmen also eine Platte raus und pflanzen da kleine Blumen, richtig schön. Die Platte ist leicht, es geht einfach und schnell. Also nehmen wir noch eine Platte raus, und dann noch eine ... Wir hatten ziemlich viele Blumen. Die Nacht war ruhig. Niemand war da. Und der Platz sieht jetzt ziemlich anders aus als vorher."
„Verstehe. Und jetzt hast du Angst, dass die Polizei dich findet?"
„Es waren dieselben Samen wie in den Samenbomben. Ich denke, das kann man im **Labor** sehen."

endlich	nach längerer Zeit
Aktion *f*	etw., das man macht
Platte *f*	etw., das auf dem Boden liegt, aus Stein oder Beton
Labor *n*	ein Raum, in dem man Experimente machen kann

Müdigkeit *f*	die Tatsache, dass jd. müde ist
sich umarmen	jn. an sich drücken
träumen	im Schlaf Bilder sehen

Sercem sieht sie an. Diese Samenbomben hat er auch geworfen.
„Es sind aber die letzten", sagt Frieda und gibt ihm noch zwei. „Die werfen wir jetzt noch, und dann sind sie weg. Dann gehen wir nach Hause."
Nach Hause? Warum? Sercem hat das Gefühl, er ist gerade aufgewacht.

Sie gehen noch über eine Stunde durch die dunkle Stadt. Auf dem Weg kommt die **Müdigkeit**. Eine gute, ruhige, zufriedene Müdigkeit. Irgendwann sind sie nah an Sercems Wohnung. Er kennt die Straßen hier. Ist das ein Gefühl von Zuhause? Vielleicht ein bisschen.
„So, jetzt lasse ich dich mal allein. Bis bald", sagt Frieda.
Sie **umarmen sich** kurz, dann geht Frieda um eine Ecke und ist weg.

In seiner Wohnung fällt Sercem einfach ins Bett und schläft sofort ein. Er schläft lange, bis zum Nachmittag. Endlich wacht Sercem auf. Er **hat** von Frieda **geträumt**. Und von letzter Nacht. Was ist letzte Nacht passiert? Er sortiert die Bilder in seinem Kopf. Langsam weiß er wieder, was passiert ist. Er geht in die Küche und füllt Kaffee in die Kaffeemaschine. Florian oder Tobias, einer seiner Mitbewohner, kommt von der Uni.
„Magst du Kaffee?", fragt Sercem.

Übung 8: Richtig oder falsch? Kreuzen Sie die richtigen Sätze an!

1. Frieda hat keine Angst vor der Polizei. ❐
2. Sercem will sein Dünger-Graffiti fertig malen. ❐
3. Frieda möchte am Ende nach Hause. ❐
4. Sercem ist nicht zufrieden mit der Nacht. ❐
5. Frieda und Sercem haben ihre Telefonnummern ausgetauscht. ❐

Anrichte *f*	ein Möbelstück in der Küche
Briefkasten *m*	eine Box, in der man seine Post bekommt
Keller *m*	ein Raum ganz unten im Haus

Florian oder Tobias nickt. Sercem stellt den Kaffee nicht auf die **Anrichte**. Er stellt ihn auf den Tisch, neben seinen. Und wirklich: Florian oder Tobias setzt sich mit an den Tisch. Er war beim **Briefkasten**. Die Briefe legt er auf den Tisch. Sercem nimmt sie schnell.

„Ist etwas für mich dabei?"

„Nein, alles für mich und Daniel", sagt sein Mitbewohner. Aber Sercem hat seinen Namen schon gelesen: Mathias.

„Sag mal, Mathias, wem gehört der Grill auf unserem Balkon?", fragt er.

„Der war schon da", sagt Mathias.

„Wollen wir den in den **Keller** bringen? Dann können wir

Geruch *m*	so, wie etw. riecht
perfekt	sehr gut

auf dem Balkon sitzen“, fragt Sercem.
„Das ist eine gute Idee“, sagt Mathias.
„Wir stellen einen Tisch und zwei oder drei Stühle auf den Balkon. Drei, vielleicht kommt Daniel dazu.“
„Pflanzen brauchen wir auch“, sagt Mathias.
„Du magst Pflanzen?“ Sercem ist ein bisschen überrascht.
„Klar! Wer mag denn keine Pflanzen? Blumen finde ich schön. Und Tomaten.“
Er trinkt seinen Kaffee aus und geht in sein Zimmer. Sercem geht mit seinem Kaffee auf den Balkon. Von hier kann man über die Stadt sehen. Der **Geruch** von der Straße stört ihn heute weniger. Von hier aus kann er fünf grüne Flächen sehen. Da wächst nur Gras.
„**Perfekt**!“, denkt Sercem.

Übung 9: Nomen: in der Wohnung. Ordnen Sie richtig zu!

1. [e] Eine Anrichte	**a)** braucht man zum Kaffeekochen.
2. [ ] Ein Briefkasten	**b)** ist ganz unten im Haus.
3. [ ] Ein Balkon	**c)** hängt draußen am Haus.
4. [ ] Eine Kaffeemaschine	**d)** hängt in der Nähe von der Haustür.
5. [ ] Ein Keller	**e)** ist in der Küche.

Abschlusstest
Lösungen
Glossar

Abschlusstest

Ein Haus am Meer

Übung 1: Nomen. Finden Sie neun Wörter und sortieren Sie sie in die Tabelle! Schreiben Sie den Artikel dazu.

BHPFANNKUCHENDFUTSCHAFZUBHÜGELBABWALD DAVAPFELMUSSDOIHUHNFDEICHZANFMÖWESD UDSIGURKENA

Tiere	Essen	Landschaft

Übung 2: Unregelmäßige Verben (e → i). Ergänzen Sie das Verb in der richtigen Form!

1. Merle ____________ den Brief von ihrer Tante. lesen
2. Die Anwältin ____________ Merle den Schlüssel. geben
3. Merle ____________ das Haus zum ersten Mal. sehen
4. Jara ____________ gern Krabbenbrötchen. essen
5. Benni ____________ sich ein paar Kirschen. nehmen

Neu in der Stadt

Übung 3: Was ist richtig? Kreuzen Sie an!

1. Maria ist neu in der Stadt. ❐
2. Die Wohnung ist groß. ❐
3. Maria und Maik sind Kollegen. ❐
4. Feli wohnt bei Karla. ❐
5. Maik und Maria machen einen Ausflug. ❐

Übung 4: Welche Form passt? Unterstreichen Sie!

1. Maria kauft ein / einen Salat.
2. Er hat kein / keinen Geld.
3. Wir möchten kein / keinen Kaffee trinken.
4. Was ist dein / deinen Beruf?
5. Wo bekomme ich ein / einen neuen Schrank?

Übung 5: Schwarzes Schaf. Welches Wort passt nicht in die Reihe?

1. das Sofa der Schrank der Schal das Bett
2. der Garten der Balkon die Terrasse das Zimmer
3. alt schön hell neu
4. die Sonne warm das Eis der Mantel

Der geheimnisvolle Nachbar

Übung 6: Komposita. Welche Wortteile gehören zusammen?

1. ☐ das Straßen- a) -paar
2. ☐ das Ehe- b) -ferien
3. ☐ die Sommer- c) -geschoss
4. ☐ das Erd- d) -stimme
5. ☐ die Männer- e) -fest

Übung 7: Modalverben. Ergänzen Sie die passenden Modalverben in der richtigen Form!

können müssen dürfen wollen können

1. Viele Nachbarn ________________ sehr gute Salate machen.
2. Wohin ________________ du in den Urlaub fahren?
3. Felix ________________ nicht mehr in den Garten von dem alten Haus gehen.
4. Peter und Heinz ________________ Beweise suchen.
5. ________________ du mir bitte helfen?

Blumen für die Stadt

Übung 8: Imperativ. Ergänzen Sie die Befehlsform!

1. kommen → __________ mal her!
2. machen → __________ schnell!
3. ziehen → __________ eure Kapuzen übers Gesicht!
4. lassen → __________ deine Kapuze noch auf!
5. werfen → __________ das Ding weit weg!
6. nehmen → __________ Sie die Flasche!

Übung 9: Unregelmäßige Verben. Ergänzen Sie die richtige Form!

1. Sercem __________ mögen Berlin am Anfang gar nicht.
2. Der Regen __________ werden langsam weniger.
3. Frieda __________ lassen etwas aus ihrer Tasche fallen.
4. Mathias __________ sprechen nicht viel.
5. Sercem __________ sehen von seinem Balkon aus fünf grüne Flächen.

Lösungen

Ein Haus am Meer

Übung 1: **1.** richtig **2.** falsch (Merle hat einen Brief von einer Anwältin bekommen, weil sie ein Haus erbt.) **3.** richtig **4.** falsch (Sie studieren zusammen.) **5.** richtig

Übung 2: **1.** Miete **2.** kostenlos **3.** Rest **4.** sammeln **5.** trampen

Übung 3: **1.** zu **2.** nach **3.** in **4.** auf **5.** zu

Übung 4: **1.** c **2.** e **3.** b **4.** a **5.** d

Übung 5: **1.** 19:30 **2.** 19:45 **3.** 20:05 **4.** 20:15 **5.** 20:30 **6.** 21:45

Übung 6: **1.** Jara **2.** Dörte **3.** Günter **4.** Benni **5.** Merle

Übung 7: **1.** vor **2.** mit **3.** zu **4.** an **5.** zu

Übung 8: **1.** falsch (Benni traut sich nicht zu schnorren) **2.** richtig **3.** richtig **4.** richtig **5.** falsch (Jara will nicht mehr zurück nach Würzburg.)

Neu in der Stadt

Übung 1: **1.** Bahn **2.** das **3.** umsteigen **4.** am

Lösung: Baumstraße

Übung 2: **1.** liest **2.** kaufen ein **3.** kann **4.** geht spazieren **5.** kommst

Übung 3: **1.** Was **2.** Woher **3.** Warum **4.** Wie **5.** Was

Übung 4: **1.** richtig **2.** richtig **3.** falsch (Karla hat heute kein Heimweh mehr.) **4.** richtig **5.** falsch (Karla ist pünktlich.)

Übung 5: **1.** war **2.** kennengelernt **3.** besichtigt **4.** gefahren **5.** gelaufen

Übung 6: **1.** auf dem Marktplatz **2.** Maik **3.** ja **4.** das rechte Bein **5.** einen Krankenwagen

Übung 7: **1.** d **2.** e **3.** a **4.** b **5.** c

Übung 8: **1.** steht auf **2.** fährt weg **3.** findet statt **4.** anziehen **5.** sieht fern **6.** macht aus

Der geheimnisvolle Nachbar

Übung 1: **1.** treffen **2.** sitzen **3.** hören **4.** feiern **5.** übernachten

Übung 2: **1.** viel **2.** kaufe **3.** der **4.** das **5.** Dach **6.** Wurst **7.** in **8.** nervös **9.** Abend **10.** Tische **11.** Bett
Lösung: verschwindet

Übung 3: **1.** richtig **2.** falsch (Seine Mutter möchte nicht, dass er nochmals dorthin geht.) **3.** falsch (Die Familie sitzt zusammen beim Abendessen.) **4.** richtig **5.** richtig

Übung 4: **1.** halb zwei. **2.** Viertel nach drei. **3.** Viertel vor eins. **4.** zwanzig nach zwei. / zehn vor halb drei. **5.** fünf nach sechs. **6.** fünf nach halb vier.

Übung 5: Diese Gegenstände sind aus dem Haus verschwunden: **1.** die Bilder **2.** das Sofa **3.** der Teppich **4.** die Bücher **5.** das Regal

Übung 6: **1.** Tagen **2.** Stimme **3.** Moment **4.** Zimmer **5.** Küche

Übung 7: **1.** geht **2.** liest **3.** kann **4.** sprechen **5.** seid **6.** hast

Blumen für die Stadt

Übung 1: **1.** der Stiefel **2.** die Regenjacke **3.** die Kapuze **4.** der Regenschirm **5.** der Schal

Übung 2: **1.** fällt hin **2.** steht auf **3.** sieht an **4.** liegt herum **5.** stoßen zusammen

Übung 3: **1.** richtig **2.** richtig **3.** falsch (Die Parks sind schmutzig.) **4.** falsch (Seine Mitbewohner gehen früh ins Bett.) **5.** richtig

Übung 4: **1.** sie ist gegangen **2.** er hat gewunken/gewinkt **3.** er hat sich umgedreht **4.** sie hat gedacht **5.** er hat gezeigt

Übung 5: **1.** Brücke **2.** Fluss **3.** Weg **4.** Brücke **5.** Kreuzung **6.** Seite

Übung 6: **1.** falsch (Der Platz gefällt ihm nicht.) **2.** richtig **3.** falsch (Frieda hat mehrere Flaschen im Rucksack.) **4.** falsch (Sie gießen die Flüssigkeit auf den Boden des Platzes.) **5.** richtig

Übung 7: **1.** Auf **2.** in **3.** Hinter **4.** entlang **5.** zu

Übung 8: **1.** falsch (Sie hat Angst vor der Polizei.) **2.** richtig **3.** richtig **4.** falsch (Sercem hat die Nacht gefallen.) **5.** falsch (Sie haben keine Nummern ausgetauscht.)

Übung 9: **1.** e **2.** d **3.** c **4.** a **5.** b

Abschlusstest

Übung 1: **Tiere:** das Schaf, das Huhn, die Möwe

Essen: der Pfannkuchen, das Apfelmus, die Gurke

Landschaft: der Hügel, der Wald, der Deich

Übung 2: **1.** liest **2.** gibt **3.** sieht **4.** vergisst **5.** nimmt

Übung 3: **1.** richtig **2.** falsch (Die Wohnung ist klein.) **3.** falsch (Maria und Maik sind keine Kollegen.) **4.** richtig **5.** richtig

Übung 4: **1.** einen **2.** kein **3.** keinen **4.** dein **5.** einen

Übung 5: **1.** der Schal **2.** das Zimmer **3.** alt **4.** der Mantel

Übung 6: **1.** e **2.** a **3.** b **4.** c **5.** d

Übung 7: **1.** können **2.** willst **3.** darf **4.** müssen **5.** Kannst

Übung 8: **1.** Komm **2.** Mach **3.** Zieht **4.** Lass **5.** Wirf **6.** Nehmen

Übung 9: **1.** mag **2.** wird **3.** lässt **4.** spricht **5.** sieht

Glossar

↯ = umgangssprachlich	*etw.* = etwas
f = feminin	*jd.* = jemand
m = maskulin	*jm.* = jemandem
n = neutral	*jn.* = jemanden
pl = Plural	*js.* = jemandes

ablegen	*hier:* losfahren, abfahren
Aktion *f*	etw., das man macht
alternative Energien *pl*	Energie, die nicht durch Kohle, Erdöl, Erdgas oder Uran erzeugt wird
sich **anfühlen**	jm. ein Gefühl geben
jm. **Angst einjagen**	jn. erschrecken; jm. Angst machen
jn. **anlächeln**	jn. sehr freundlich anschauen
Anrichte *f*	ein Möbelstück in der Küche
Anwalt/Anwältin *m/f*	Person, die bei Gericht für den Angeklagten spricht
Anwaltskanzlei *f*	Büro von einer Anwaltsfirma
Apfelmus *n*	zerdrückte gekochte Äpfel
arm	nicht reich, mit wenig Geld
Atem *m*	die Luft, die man in den Körper zieht und wieder ausstößt
auffällig	wenn man etw. sofort sieht
aufgeben	etw. nicht mehr versuchen
aufpassen	dafür sorgen, dass nichts Schlimmes passiert
aufregend	spannend
die **Augenbrauen hochziehen**	die Haare über den Augen nach oben bewegen
ausleihen	etw. nehmen, das man später zurückgeben will
Bachelor *m*	ein Abschluss an der Universität
Backstein *m*	roter Stein aus Ton

sich bei jm. **bedanken**	jm. Danke sagen
etw. **behalten**	etw. nicht verlieren
bekannt	wenn jn. viele Leute kennen
belegt	*hier:* wenn zwischen zwei Brotscheiben Käse oder Wurst liegt
beobachten	*hier:* immer wieder nachsehen, ob sich in dem Haus etw. verändert hat
berühmt	sehr bekannt
beschließen	entscheiden
sich über etw. **beschweren**	sagen, dass man mit etw. nicht zufrieden ist
etw. **besichtigen**	etw. anschauen
besorgt sein	sich Sorgen machen
Beton *m*	ein hartes, graues Material
Beweis *m*	Nachweis oder Bestätigung für etw.
Bildschirm *m*	der Teil von z. B. einem Computer, der das Bild zeigt
blass	*hier:* wenig Farbe im Gesicht
der **Blick ist auf** *etw.* **gerichtet**	*hier:* man schaut etw. an
blicken	schauen, sehen
Boden *m*	die Erde; der untere Teil von einem Raum
Bombe *f*	*hier:* etw., das man wirft und das explodiert
braten	Essen in Öl heiß machen
Briefkasten *m*	eine Box, in der man seine Post bekommt
sich **bücken**	sich mit dem Oberkörper nach unten bewegen
ϟ **Bude** *f*	altes Haus, alte Wohnung
Busch *m*	kleiner Baum
jm./etw. eine **Chance geben**	jm./etw. eine weitere Option geben
Deck *n*	Stockwerk auf einem Schiff
Deich *m*	ein Schutz aus Erde gegen das Meer
dicht	ohne Lücken; so, dass alles nah zusammen ist
Ding *n*	Sache
Dr. *m/f*	*kurz für:* Doktor/Doktorin
Dreitagebart *m*	Bart, wenn man sich ein paar Tage nicht rasiert
sich **ducken**	sich klein machen
Dünger *m*	Nahrung für Pflanzen

dunkel	nicht hell, ohne Licht
egal	nicht wichtig
eigentlich	normalerweise, im Grunde
einsam	allein und traurig
einschenken	Flüssigkeit in ein Glas geben
Einweihungsfeier *f*	Party, wenn man eine neue Wohnung hat
einziehen	in ein Haus ziehen, weil man dort wohnen möchte
endlich	nach längerer Zeit
entlang	so, dass man einem Weg oder einer Straße folgt; geradeaus
entlanggehen	einem Weg oder einer Straße in einer bestimmten Richtung folgen
entspannen	relaxen, ausruhen, nichts tun
enttäuscht	traurig, weil nicht passiert, was man erwartet hat
Erdgeschoss *n*	unteres Stockwerk eines Hauses
erfolglos	ohne Erfolg
sich an etw. **erinnern**	etw. nicht vergessen, an etw. zurückdenken
Erinnerung *f*	Dinge aus der Vergangenheit, die man nicht vergessen kann
jn./etw. **erkennen**	merken, dass man jn. oder etw. kennt
erleben	etw. mitmachen; bei etw. dabei sein
ernst	nicht lustig
erschrocken	mit einem Schreck oder kleinen Schock
Etage *f*	Stockwerk
Falle *f*	ein Ort, an dem man gefangen ist und nicht weglaufen kann
etw. **fallen lassen**	etw. nicht festhalten, sodass es auf den Boden fällt
Feierabend *m*	Zeit nach der Arbeit
Fernglas *n*	Gerät, mit dem man weit sehen kann
Fernstudium *n*	Universitätsstudium von zu Hause aus
finden	*hier:* der Meinung sein; meinen
Fläche *f*	*hier:* ein Stück Boden
flackern	unruhig brennen oder leuchten
Flur *m*	meist länglicher Raum, von dem die anderen Zimmer einer Wohnung abgehen
Flüssigkeit *f*	etw., das wie Wasser ist (nicht fest)

flüstern	etw. leise sagen
Forschung *f*	Wissenschaft
fortfahren	*hier:* weitererzählen
Friseur/Friseurin *m/f*	jd., der Haare schneidet
gähnen	den Mund kurz öffnen, wenn man müde ist
gebrochen	in zwei oder mehrere Teile kaputtgegangen
in **Gefahr sein**	nicht in Sicherheit sein
gefesselt sein	festgebunden sein
Gefühl *n*	etw., das man in sich selbst merkt/spürt/ empfindet
ein **Geheimnis für sich behalten**	etw. nicht verraten
gemütlich	angenehm; so, dass man gern an diesem Ort ist
Geruch *m*	so, wie etw. riecht
Geschichte *f*	*hier:* das, was früher passiert ist
Gesicht *n*	Augen, Nase, Mund usw.
getarnt sein	geschützt sein, sodass man nicht erkannt wird
geteilt	in zwei Hälften getrennt, halbiert
Gewürz *n*	Zutat, die das Essen lecker macht
gießen	eine Flüssigkeit laufen lassen
Gips *m*	Material/Verband, um ein gebrochenes Bein zu fixieren
greifen	mit der Hand nehmen
Grenze *f*	eine Linie zwischen hier und dort
Grenzübergang *m*	der Ort, wo man über eine Grenze gehen kann
grinsen	breit lächeln
Gurkenfabrik *f*	Ort, an dem Gurken industriell verarbeitet werden
Hafen *m*	Ort am Wasser, wo Schiffe liegen
Haferflocke *f*	Zutat für Müsli
Haken *m*	*hier:* etw. an der Wand, wo man seine Jacke aufhängen kann
die **Hand hinstrecken**	die Hand in die Richtung von jm. bewegen, um ihn zu begrüßen
hart	*hier:* schwierig
Hauswand *f*	Außenmauer am Haus
Hecke *f*	Grenze aus Pflanzen zwischen zwei Gärten
Heimweh *n*	ein trauriges Gefühl, dass man nach Hause möchte

hektisch	schnell, ohne Zeit
etw. **herausfinden**	*hier:* die Lösung für etw. finden
etw. **hervorholen**	etw. aufheben, sichtbar machen
Himbeere *f*	rotes, süß-saures Obst, das am Strauch wächst
hinfallen	auf den Boden fallen (eine Person)
⚡ **hip**	modern und elegant
Hochhaus *n*	ein Haus mit vielen Stockwerken
hochziehen	nach oben bewegen
sich **hocken**	sich fast setzen, aber mit den Füßen auf dem Boden
Hufeisen *n*	„Schuh" vom Pferd
Hügel *m*	kleiner Berg
hüpfen	springen
jammern	weinend/klagend sagen
Johannisbeere *f*	saures Obst, das am Strauch wächst
jubeln	sich laut über etw. freuen
Kanal *m*	eine Wasserstraße, von Menschen gebaut
Kapuze *f*	Kopfteil von einer Jacke oder einem Pullover
Keller *m*	ein Raum ganz unten im Haus
Kirsche *f*	rotes, rundes Obst, das am Baum wächst
klingeln	das Telefon macht so ein Geräusch
Klingelschild *n*	Schild mit dem Namen an der Tür
klopfen	*hier:* mit dem Knochen vom Zeigefinger an eine Tür schlagen
knacken	kurzes Geräusch machen, z. B. Holz knackt
Kohl *m*	Gemüseart, die man vor allem im Winter isst
komisch	*hier:* nicht normal
Konkurrenz *f*	Unternehmen, das im gleichen Bereich arbeitet; Rivale
Konsum *m*	das Kaufen von Sachen
den **Kopf schütteln**	mit dem Kopf Nein sagen
Krachen *n*	lautes Geräusch
kramen	mit den Händen suchen
Krücke *f*	Hilfsmittel zum Gehen, wenn man nicht gut laufen kann
Kuhmist *m*	das schmutzige Stroh aus dem Kuhstall
Künstler/ Künstlerin *m/f*	Person, die Kunst macht

etw./jn. **kuscheln**	liebevoll und zärtlich miteinander sein
Labor *n*	ein Raum, in dem man Experimente machen kann
lächeln	die Lippen nach oben ziehen, wenn man sich freut
langweilig	nicht interessant
Lebewesen *n*	alle Tiere und Menschen
leuchten	Licht abgeben, z. B.: eine Lampe leuchtet
Lichterkette *f*	Kette, die aus vielen kleinen Lampen besteht
Loch *n*	*hier:* kaputte Stelle, an der etw. herausläuft
Locke *f*	Welle im Haar
loslassen	nicht mehr festhalten, die Hand öffnen
Luft *f*	das, was wir einatmen
Lüge *f*	eine Sache/Aussage, die nicht stimmt
menschenleer	ohne Menschen
Miete *f*	das Geld, das man jeden Monat für eine Wohnung bezahlt
mild	*hier:* nicht zu warm und nicht zu kalt
mit aller Kraft	so stark, wie man kann
mit den Schultern zucken	die Schultern hochheben und „Das weiß ich nicht" damit sagen
mit *etw.* **rechnen**	auf etw. vorbereitet sein; wissen, dass etw. passiert
Mitbewohner/ Mitbewohnerin *m/f*	Person, die zusammen mit jm. in einer Wohnung wohnt
Mitternacht *f*	24.00 Uhr
möbliert	mit Möbeln
Möwe *f*	großer, weiß-grauer Vogel, der am Meer lebt
Müdigkeit *f*	die Tatsache, dass jd. müde ist
sich **nach unten beugen**	sich mit dem Oberkörper nach unten bewegen
nah	nicht weit weg
nass	nicht trocken; mit Wasser
neugierig	sehr interessiert; wenn man alles wissen will
Neuigkeit *f*	eine neue Information
nicken	mit dem Kopf Ja sagen
Notizbuch *n*	kleines Buch, um Informationen/Notizen aufzuschreiben
Palette *f*	Gestell aus Holz
Patentzulassung *f*	Bestätigung, dass man der Erfinder von etw. ist

Pech *n*	kein Glück
perfekt	sehr gut
Pfanne *f*	ähnlich wie ein Topf, aber zum Braten
Pfannkuchen *m*	flaches Gebäck; normalerweise aus Ei, Mehl und Milch; wird in der Pfanne gebacken
Platte *f*	etw., das auf dem Boden liegt, aus Stein oder Beton
Prof. *m/f*	*kurz für:* Professor/Professorin
Raps *m*	Pflanze auf dem Feld mit gelben Blüten
Rasenmäher *m*	Maschine, die Gras schneidet
rau	*hier:* kalt, windig und nass
in **Rente gehen**	aufhören zu arbeiten, weil man alt ist
reichen	genug sein
Rest *m*	etw., das übrig bleibt
Rheinufer *n*	Bereich zwischen dem Fluss Rhein und festem Land
Rollladen *m*	Vorrichtung zum Verdunkeln der Fenster; Jalousie
Rücken *m*	hintere Seite des Oberkörpers
Rucksack *m*	Tasche, die man auf dem Rücken trägt
Samen *m*	Korn von Pflanzen, aus dem eine neue Pflanze kommt
sammeln	suchen und mitnehmen
sauer	*hier:* wütend, böse, ärgerlich
Schaf *n*	Tier mit viel Fell, aus dem man Wolle machen kann
Schal *m*	ein Kleidungsstück für den Hals
Schatten *m*	*hier:* etw., das man kaum sehen kann; Umriss einer Person
Schicht *f*	*hier:* Arbeit zu verschiedenen Zeiten: morgens, abends oder nachts
schlechte Laune bekommen	sich ärgern, nicht mehr fröhlich sein
schleichen	sich leise und vorsichtig bewegen
schmutzig	nicht sauber
schneiden	mit einem Messer oder einer Schere kurz machen
schnorren	andere Leute um Geld, Essen oder etw. Ähnliches bitten

Schnurrbart *m*	Bart über der Oberlippe
Schritt *m*	die Bewegung vom Bein beim Gehen
etw. **schützen**	auf etw. aufpassen
schweigen	nichts sagen
selbstverständlich	natürlich, klar
seltsam	nicht normal, komisch
etw. **Seltsames**	etw. Komisches; etw., das nicht normal ist
Solarzelle *f*	ein Teil, das aus Sonne Strom macht
Sonnenstudio *n*	ein Laden, in dem man seine Haut dunkler machen kann
sich **Sorgen machen**	denken, dass etw. Schlimmes passiert ist
Spalt *m*	kleine, schmale Öffnung
Spielzeug *n*	etw., mit dem Kinder spielen
Stall *m*	kleines Haus, in dem ein Tier wohnt
Stand *m*	kleines mobiles Verkaufshaus auf einem Markt
starren	etw. oder jn. mit den Augen fixieren
in etw. **stecken**	in etw. tun (legen, stellen)
stehlen	jm. etw. wegnehmen, ohne vorher zu fragen
Stelle *f*	*hier:* Arbeitsplatz
sterben	aus dem Leben in den Tod gehen
Stiefel *m*	ein großer, schwerer Schuh
Stimme *f*	Ton beim Sprechen
Stimmung *f*	Atmosphäre
stocken	*hier:* beim Sprechen eine Pause machen
stottern	stockend / mit Pausen sprechen; Wörter und Silben wiederholen
Straßenlaterne *f*	Lampe/Licht an der Straße
Streich *m*	eine Aktion, mit der man einen Freund ärgern will
etw. **streicheln**	über etw. streichen, etw. sanft berühren
Strom *m*	Elektrizität
Studentenleben *n*	das Leben, während man an der Universität studiert
stürzen	fallen
sich **täuschen**	sich irren
Teilzeit *f*	kürzere Arbeitszeit als üblich
ϟ **toll**	gut, super
trampen	bei fremden Leuten im Auto mitfahren

träumen	im Schlaf Bilder sehen
trocken	nicht nass, ohne Wasser
Tuch *n*	Stück Stoff, das den Hals wärmt
überlegen	nachdenken
überqueren	auf die andere Seite gehen
überrascht	wenn etw. unerwartet für einen ist; erstaunt
sich **umarmen**	jn. an sich drücken
sich **umdrehen**	eine Bewegung in eine andere Richtung machen
Umgebung *f*	Gegend
sich **umschauen**	*hier:* in alle Richtungen blicken
Unfall *m*	Ereignis, bei dem sich jd. verletzt oder etw. kaputtgeht
unsicher	nervös
sich **unterhalten**	miteinander reden, sprechen
unzufrieden	nicht zufrieden, nicht glücklich
sich **verabschieden**	„Auf Wiedersehen“ sagen, wenn man geht
etw. **vergessen**	nicht mehr an etw. denken
jn. **vermissen**	traurig sein, dass jd. nicht da ist
verschwinden	*hier:* weggehen
Versteck *n*	Ort, an dem man nicht gefunden wird
verstecken	dafür sorgen, dass man etw. nicht sehen kann
vertrocknet	verwelkt (bei Pflanzen); kaputt, weil zu wenig Wasser da war
verwildert	nicht gepflegt; der Natur überlassen
verzweifelt	ohne Hoffnung
vorschlagen	eine Idee haben und diese anderen sagen
wachsen	größer werden
Wahrheit *f*	eine Sache, die stimmt / richtig ist; das Gegenteil von Lüge
wahrscheinlich	fast sicher
Wald *m*	Ort/Fläche mit vielen Bäumen
Wand *f*	die Seite von einem Raum; eine Mauer
jn. **warnen**	jm. sagen, dass etw. gefährlich ist
Warnung *f*	Hinweis, dass etw. gefährlich ist
Wäscher/ Wäscherin *m/f*	jd., der im Beruf Wäsche wäscht
Waschmaschine *f*	Maschine, die Kleidung wäscht
Weinberg *m*	Berg, an dem Wein wächst

weitermachen	nicht aufhören; nicht stoppen
Werbezeichner/ Werbezeichnerin *m/f*	Grafiker/Grafikerin, Layouter/Layouterin
Werbung *f*	Filme oder Fotos von Produkten
werfen	mit der Hand in die Luft bringen
winken	mit der Hand „Hallo" sagen
Wissenschaftler/ Wissenschaftlerin *m/f*	Forscher/Forscherin, Akademiker/Akademikerin
Witwe *f*	Frau, deren Mann gestorben ist
Wochenmarkt *m*	Markt, der einmal in der Woche stattfindet
sich **wohlfühlen**	zufrieden sein
wütend	böse, ärgerlich
zählen	sehen, wie viel von etw. da ist
Zaun *m*	Vorrichtung aus Holz oder Metall, die um einen Garten herumgeht
Zettel *m*	kleines Stück Papier für Notizen
ziehen	nehmen und in eine Richtung bewegen
zischen	etw. leise, aber scharf sagen
Zufall *m*	eine unerwartete, nicht beabsichtigte Situation
etw. **zurückschicken**	etw. zurück zu einer Person senden
zusammenzucken	vor Schreck eine kurze, schnelle Bewegung machen
für etw. **zuständig sein**	für etw. verantwortlich sein
zustimmen	der gleichen Meinung sein